MICHAEL KÖHLMEIER

KONRAD PAUL LIESSMANN

∞

Der werfe den ersten Stein

Mythologisch-philosophische
Verdammungen

Carl Hanser Verlag

1. Auflage 2019

ISBN 978-3-446-26402-1
© 2019 Carl Hanser Verlag GmbH & Co. KG, München
Umschlag und Motiv: Peter-Andreas Hassiepen, München
Satz: Satz für Satz, Wangen im Allgäu
Druck und Bindung: CPI books GmbH, Leck
Printed in Germany

INHALT

BETRUG
Der falsche Mann

Es war einmal eine Familie – wer würde nicht gern so beginnen! Es war aber eine Familie, die nicht lange zusammenblieb, denn der Vater musste in die Welt hinaus, weil zu Hause keine Arbeit für ihn war. Er schloss das Gatter und winkte seiner Frau zu und seinem kleinen Sohn, der gerade groß genug war, um allein stehen zu können. Die beiden winkten noch, als der Bus längst hinter den Alleebäumen verschwunden war. Dann ging die Frau mit dem Buben ins Haus und weinte ein wenig. Aber sie weinte weniger, als sie selbst glaubte weinen zu sollen.

Die Schwester kam am Abend zu Besuch. Sie wohnte drei Häuser weiter; auch sie wohnte allein, ihr Mann war schon vor Jahren in die Welt hinausgezogen. Er schrieb Briefe. Alle Monate kam ein Brief, der war gut gelaunt. Sie tröstete ihre Schwester: »Es dauert nur wenige Tage«, sagte sie, »dann hast du dich daran gewöhnt. Du machst deine Sache, er macht seine, und wenn er wieder kommt, legt ihr eure Sachen zusammen, und dann sind es mehr als zwei, und wollen wir hoffen, dass die Männer draußen gut werden.«

»Das sind auswendig gelernte Sätze«, sagte die Weinende. »Ich werde mir einen anderen Mann suchen, einen, der es nicht nötig hat, irgendwo anders zu arbeiten. Einen, der mich nicht schlägt.«

»Genauso habe ich auch gedacht«, sagte die Schwester, »und heute denke ich nicht mehr so.«

Die Schwester hatte recht. Nach ein paar Tagen weinte die Frau nicht mehr, und sie küsste auch nicht mehr die ganze Zeit im Gesicht ihres kleinen Sohnes herum, was der gar nicht mochte; und nach ein paar weiteren Tagen hatte sie sich daran gewöhnt, allein zu sein. Sie staunte selbst darüber. Habe ich meinen Mann denn nicht lieb, fragte sie sich, dass ich ihn schon nach zwei Wochen nicht mehr vermisse?

Sie sprach mit ihrer Schwester darüber. Die sagte: »Doch, du hast ihn lieb. Du vertraust ihm. Darum machst du dir keine Sorgen. Und wenn man sich keine Sorgen macht, dann ist auch der Abschiedsschmerz nur halb so schlimm.«

So war das. Und so blieb es über die nächsten Jahre. Alle Monate bekam sie einen Brief von ihrem Mann, einen gut gelaunten. Sie machte ihre Sache, und sie wusste, er machte seine, und wenn er zurückkommt, dann legen sie beide ihre Sachen zusammen, und es wird mehr sein als doppelt so viel. Und sie hoffte, ihr Mann würde draußen ein guter Mann werden.

Derweil war der Mann in einem anderen Land und arbeitete. Die Arbeit war ganz anders, als er sich gedacht hatte, und die Menschen waren auch anders. Deshalb war er selber auch bald anders. Die Briefe ließ er sich schreiben. Er konnte lesen und schreiben, natürlich konnte er das, aber er hatte keinen Kopf für einen Brief nach Hause. Nach einem Jahr hatte er überhaupt keinen Kopf mehr für nach Hause. Er erinnerte sich, dass er oft mit dem kleinen Sohn geschimpft hatte. Weil er laut war. Oder weil er etwas umgekippt hatte. Weil er im Weg war. Weil er nicht essen wollte. Er erinnerte sich, dass er den kleinen Buben gehauen hatte, sogar mit dem Handrücken. Er erinnerte sich, dass er mit seiner Frau gestritten hatte deswegen. Sie hatte ihn angeschrien, sie werde weggehen von ihm, wenn er den Buben noch einmal schlägt. Aber er hat es wieder getan. Wenn er daran dachte, war kein schlechtes Gewissen in ihm. Im Gegenteil. Er dachte: Was hat die Familie aus mir gemacht? Und er antwortete sich selbst: Einen Mann, der nicht frei ist; einen Mann, der zornig ist, weil er nicht frei ist. Aber jetzt, jetzt war er frei. Er bezahlte den Schreiber, der sich für ihn die gut gelaunten Briefe ausgedacht hatte.

»Du musst mir von deiner Frau erzählen und von deinem Sohn«, sagte der Scheiber, »damit ich nicht ins Blaue hinein erfinden muss.«

Der Mann erzählte, erzählte aber nicht, dass er hart

gewesen war und manchmal grausam; erzählte nicht, dass er sich unfrei gefühlt hatte; erzählte nicht, dass er seinen kleinen Sohn geschlagen hatte, und erzählte nicht, dass er seine Frau geschlagen hatte. Er dachte sich einen guten Vater aus und einen guten Ehemann, und während er erzählte, rollten die Tränen über seine Wangen.

Eines Tages kam der Schreiber und sagte: »So kann es nicht weitergehen. Der Mann, den ich erfinde, der kommt um vor Sehnsucht. Es ist, als ob ein glühender Dolch in sein Herz gestoßen wird! Er will nach Hause. Er schreibt, er stirbt vor Sehnsucht in der Ferne. Nimm Urlaub und besuche deine Familie!«

»Nein, das will ich nicht«, sagte der Mann. »Schreib im nächsten Brief, ich komme nicht, ich komme nie mehr wieder. Schreib: Ich verlasse euch! Und Punkt!«

»Das kann ich nicht«, sagte der Schreiber.

»Dann fahr doch du zu meiner Frau und zu meinem Sohn!«, sagte der Mann. »Du hast diese Briefe geschrieben, nicht ich. Du kennst sie besser als ich. Sag, du bist ich.«

»Aber wie soll das gehen!«, rief der Schreiber und schlug die Hände zusammen. »Sehe ich aus wie du? Ich bin einen halben Kopf kleiner.«

»Dann sag, du hast in der Ferne schwere Sachen tragen müssen, die haben dich zusammengedrückt. Und

sag, auch die Sorge und die Sehnsucht haben dich zusammengedrückt. Sie wird dir glauben und dich dafür
lieben.«

»Aber ich habe helle Augen und du dunkle«, sagte der
Schreiber.

»Dann sag, in der Ferne scheint die Sonne so heiß, dass
sie die Augen sogar bleicht.«

»Aber du bist schlank in den Hüften und breit in den
Schultern, und ich habe einen dicken Bauch.«

»Dann sag, man isst in der Ferne so gut, und du hast
nicht widerstehen können.«

»Aber ich sehe doch ganz anders aus als du!«, rief
der Schreiber. Zugleich aber dachte er bei sich: Warum
nicht? Habe ich mir nicht immer eine Familie gewünscht?
Vielleicht reicht mir das Glück die Hand. Wäre es nicht
ein Verbrechen, sie auszuschlagen?

»Also gut«, sagte er, »ich werde es tun.« Und er machte
sich auf den Weg.

Er klopfte an die Haustür. Die Frau öffnete und fragte:
»Ja?«

»Ich bin es«, sagte er, »dein Mann.«

Sie ließ ihn herein und sagte nichts.

»Wo ist der Bub?«, fragte er.

»Welcher Bub?«, fragte sie zurück.

»Unser Bub.«

»Der ist kein Bub mehr, der ist ein junger Mann. Der kommt am Abend erst. Er arbeitet am Tag.«

»Hat er hier eine Arbeit gefunden?«, fragte der Mann.

Die Frau nickte. Sie drückte Zitronen aus, weil sie dachte, er wird Durst haben. Sie trat mit dem Glas in der Hand nahe an ihn heran. »Warst du nicht größer als ich?«, fragte sie.

»Bestimmt«, sagte er. »Ich habe in der Ferne so schwere Sachen getragen, die haben mich zusammengedrückt, und auch die Sorge und die Sehnsucht haben mich zusammengedrückt, darum bin ich einen halben Kopf kleiner, als ich war.«

»Waren deine Augen nicht dunkel?«, fragte sie. »Weil sie nun hell sind.«

»In der Ferne, sag ich dir«, sagte er, »in der Ferne brennt die Sonne vom Himmel, die bleicht sogar die Augen aus.«

»Und warst du nicht schlank? Jetzt bist du dick.«

»Die guten Speisen in der Ferne, die haben das gemacht«, sagte der Mann.

Die Frau nickte und schaute ihn nicht mehr an.

Einen Tag und noch einen Tag schaute sie den Mann nicht an, dann lief sie zu ihrer Schwester hinüber. »Komm, ich muss dir etwas zeigen«, sagte sie.

Die Schwester sah sich den Mann an und sprach mit ihm. Lange sprach sie mit ihm, allein sprach sie mit ihm.

»Und?«, fragte die Frau hinterher.

»Er hat eine angenehme Stimme«, sagte die Schwester.

»Ist er mein Mann, will ich wissen!«

»Er weiß viel und kann sich sehr gewählt ausdrücken.«

»Ist er es?«

»Er hat Zärtlichkeit im Blick.«

»Ist er es?«

»Ja, er ist dein Mann«, sagte die Schwester. »Er ist draußen ein guter Mann geworden.«

Am Abend kam der Sohn von der Arbeit nach Hause. Seine Mutter sagte zu ihm: »Kannst du dich an deinen Vater erinnern?«

»An seine Briefe kann ich mich erinnern. Sie waren sehr schön«, sagte der Sohn. »Ich habe mir immer gewünscht, diesen Mann kennenzulernen, der so schöne Briefe schreibt.«

»Der ist es«, sagte die Frau und bat den Mann herein, der vor der Tür gewartet hatte.

»Genauso habe ich ihn mir vorgestellt!«, rief der Sohn aus und umarmte den Mann, und der Mann drückte seinen Sohn fest an seine Brust.

»Wie sehr ich euch vermisst habe!«, schluchzte er. »Die Sehnsucht hat mich fast umgebracht. Es war, als ob ein glühender Dolch in mein Herz gestoßen würde!«

Da glaubte nun auch die Frau, dass ihr Mann zurückgekehrt war und dass er draußen ein guter Mann geworden war. Hier wird er nicht so viel schleppen müssen wie in der Ferne, dachte sie, er wird sich wieder strecken und größer werden als ich. Hier scheint die Sonne nicht so heiß, dachte sie, seine Augen werden wieder dunkler werden. Und mit Bedauern dachte sie, leider kann ich nicht so gut kochen, wie man in der Ferne kocht, er wird seinen Bauch verlieren und wieder schlank werden.

So lebten sie viele Jahre zusammen und liebten sich. Die Frau dachte, er ist in der Ferne sanft geworden, er schlägt mich nicht mehr, und bald dachte sie das nicht mehr, bald konnte sie sich nicht mehr vorstellen, wie es ist, mit einem Mann zusammenzuleben, der sie schlägt.

Dann waren viele Jahre vergangen. Der Sohn hatte längst geheiratet und auch Kinder bekommen, zwei Buben, zwei Mädchen. Mann und Frau aber waren glücklich, und es verging kein Tag, an dem sie sich nicht umarmt und geküsst hätten.

Eines Tages klopfte es an die Tür, da stand ein Mann, der war schlank und groß und hatte dunkle Augen, und der sagte zu der Frau: »Kennst du mich nicht?«

»Sollte ich dich kennen?«, fragte die Frau.

»Ich bin dein Mann«, sagte er. »Ich bin gekommen, weil ich Sehnsucht hatte in der Ferne.«

»Und wie war die Sehnsucht?«, fragte die Frau.

»Sehnsucht eben«, sagte er. »Eben Sehnsucht.«

»Hätte dich die Sehnsucht fast umgebracht?«

»Das nicht gerade«, sagte der Mann. »Dann wäre ich entweder schon früher gekommen, oder ich wäre tatsächlich daran gestorben.«

»War die Sehnsucht wie ein glühender Dolch in deinem Herzen?«

»Was soll das sein?«, lachte der Mann und knuffte sie. »Wer hat dir so einen Unsinn beigebracht! Sehnsucht ist Sehnsucht, und ein glühender Dolch ist ein glühender Dolch. Das eine ist das eine, und das andere ist das andere. Und Betrug ist Betrug.«

Da ging die Frau zu dem Mann, den sie so viele Jahre ihren Mann genannt hatte und mit dem sie so glücklich gewesen war, und sagte zu ihm: »Betrug ist Betrug. Du musst gehen.«

Und der Mann packte seine Sachen.

Und die Frau ging zu ihrem Sohn und sagte: »Betrug ist Betrug. Der Mann, der dich geschlagen hat, als du ein Kind warst, ist zurückgekommen. Umarme ihn, er ist dein Vater.«

Da umarmte der Sohn seinen Vater.

∞ ∞ ∞

Jemanden betrügen. Sich selbst betrügen. Jemanden mit einem anderen betrügen. Sich selbst mit einem anderen betrügen. Und bei alldem doch glücklich sein. Ist ein Leben ohne Betrug, ohne Täuschung und Selbsttäuschung, ohne gelebte Fiktionen überhaupt denkbar? Und was bedeutet es, wenn diese großen und kleinen Betrügereien, diese großen und kleinen Täuschungen auffliegen, enttarnt werden, der Wirklichkeit nicht standhalten? Muss dann alles zusammenbrechen, oder kann man zur Tagesordnung übergehen und so tun, als wäre nichts gewesen? Wie verdammenswert ist der Betrug eigentlich?

Die Geschichte einer Familie, die auf den ersten Blick nahezu harmlos erscheinen mag, enthält, blickt und hört man genauer hin, nahezu alle Facetten des Betrugs. Es beginnt mit einem einfachen Selbstbetrug: Die Frau weint dem Mann, der in die Ferne zieht, um Arbeit zu finden, weniger Tränen nach, als sie selbst geglaubt hatte. Das Verschwinden – noch nicht der Verlust – eines Menschen, den man vielleicht für unersetzbar hielt, ist weit weniger dramatisch, als es die Konvention und die eigene Vorstellung verlangt hätten. Beginnt aller Betrug nicht mit den wechselseitigen Versicherungen in Partnerschaften, dass der andere der Einzige, der Unersetzliche, der Einmalige sei? Die Lücken, die Menschen hinterlassen, werden mitunter schneller gefüllt, als es sich die romantische Konzeption unverbrüchlicher Verbundenheit vorstellen mag. Die Versicherung, dass die kurze Trauer über die Absenz des Geliebten in einem Vertrauen gründet, das die Entfernungen und Zeiten zu überbrücken vermag, ist selbst trügerisch. Distanz schafft Differenz auch dann, wenn entfernt voneinander lebende Paare dies oft und lange nicht wahrhaben wollen.

Die Frau bleibt jedoch im Gewohnten, für den Mann wird alles anders. Und hier beginnt die eigentliche Logik des Betrugs. Durch seine Briefe, die er schreiben lässt, täuscht er seiner Frau vor, jemand zu sein, der er nicht mehr ist. Allmählich tritt der Briefschreiber an seine Stelle. Die Geschichte variiert also ein altes Motiv, das in Edmond Rostands *Cyrano de Bergerac* seine klassische Gestalt gefunden hat: Der Stellvertreter tritt tatsächlich an die Stelle des Auftraggebers, der Postillon d'Amour wird selbst zum Liebenden, der Knecht simuliert nicht nur seinen Herrn, sondern erfüllt dessen Stelle und Funktion in einer Weise, die diesem selbst nicht mehr möglich gewesen wäre.

Betrug ist so immer eine Variante der Täuschung. Nichts ist, wie es scheint. Der vermeintliche Autor der Briefe ist nicht die Person, die die Empfängerin für den Autor halten muss – oder halten will. An diesem Punkt könnte man den Betrug noch als harmlos abtun, ihn vielleicht sogar akzeptabel finden. Es könnte ja sein, dass der Mann all das, was der Schreiber für ihn zu

Papier brachte, wirklich dachte und empfand, nur fehlte ihm die Zeit, die Lust und die Fähigkeit, dies in anschauliche und ergreifende Worte zu fassen. Noch ist der Schreiber nichts weiter als ein Ghostwriter.

Ghostwriter: Jemand verfasst einen Text für eine andere Person, die diesen dann unter ihrem eigenen Namen veröffentlicht oder zumindest weitergibt. Liegt in dieser alltäglichen Konstellation, die man in der Politik ebenso findet wie in der Wirtschaft oder der Wissenschaft, ein Betrug vor? Wir sind imstande, hier sehr feine Differenzen zu erkennen und unterschiedliche Kontexte verschieden zu bewerten. Die Rede, die ein Politiker hält, um Wählerstimmen zu gewinnen, und von der wir wissen, dass ein anderer sie geschrieben hat, rechnen wir trotzdem dem Politiker zu, ohne ihn des Betrugs zu zeihen. Die Bachelorarbeit, die ein bequemer oder unfähiger Student gegen Entgelt von einem anderen schreiben lässt und unter seinem Namen einreicht, um den begehrten akademischen Titel zu erlangen, verstößt gegen die gute wissenschaftliche Praxis und wird als Betrug gewertet. Fliegt dieser Betrug auf, wird der Titel wieder aberkannt; keinem Politiker wird auch nur eine Wählerstimme genommen, wenn der Name seines Redenschreibers bekannt wird.

Ob ein Betrug vorliegt, bemisst sich am Erwartungshorizont der Betrogenen. Willigen diese in eine Täuschung ein, finden wir das nicht weiter schlimm. Betrügen kann man nur Menschen, die nicht betrogen werden wollen. Bei allen anderen gilt das augenzwinkernde Einverständnis. In unserem Fall allerdings kommt dieses nicht in Frage. Der Mann lässt dem Schreiber im Wortsinn freie Hand, seine Frau und sein Kind interessieren ihn längst nicht mehr. Der Schreiber imaginiert nun jene Berichte und Gefühle, die ein redlicher Mann vielleicht gehabt hätte, unser zweifelhafter Ehemann aber eben nicht. Der Schreiber fungiert nicht länger als Stellvertreter, er tritt in Wesen und Erscheinung an die Stelle des Mannes. Er soll, damit der Mann seine Familie endlich vergessen kann, seine Identität annehmen. Die Frau soll sich nicht über einen einfühlsamen Fremden freuen, in den sie sich vielleicht sogar auch verlieben könnte, sondern soll glauben, der geläuterte Ehemann kehrt heim und zu ihr zurück. Und sie glaubt es!

Wie kann man nur so leichtgläubig sein? Und doch demonstriert diese Leichtgläubigkeit die Logik des Betrugs, gehört sie doch zu seinen Voraussetzungen. Das Verdammenswerte am Betrug resultiert nicht zuletzt aus der Tatsache, dass er nur dort wirklich gelingen kann, wo er auf ein fundamentales menschliches Vermögen bauen kann, ohne das es keine Intimität und keine soziale Beziehung gäbe: Blindes Vertrauen. In einer Kultur des Misstrauens haben es Betrüger schwer. Aber eine Kultur des Misstrauens ist nicht so leicht zu etablieren. Denn Menschen wollen vertrauen, sie wollen nicht davon ausgehen, jederzeit getäuscht werden zu können. René Descartes' diabolischer *Genius malignus*, der den Menschen alles, was sie sehen, wahrnehmen, fühlen, empfinden und denken, vortäuscht, sie also über ihr Dasein betrügt, hätte auch im Fall seiner Entlarvung wenig zu befürchten: Lieber lassen wir uns täuschen als enttäuschen.

Die Frau in unserer Geschichte akzeptiert den Fremden als ihren Mann, erste Zweifel lässt sie sich schnell ausreden. Warum sollte sie das auch nicht tun? Alles scheint sich ja zum Besseren zu wenden, der Mann entspricht nun endlich ihren Vorstellungen, dem familiären Glück steht nichts im Wege. An dieser Stelle demonstriert die Erzählung auch, warum Vertrauen so rasch die Gestalt der Leichtgläubigkeit annehmen kann: weil die Sehnsucht nach einem angebotenen und versprochenen Glück mitunter alle Bedenken in den Wind schlagen und auch alle Fakten ignorieren kann. Anders wären die unzähligen erfolgreichen Betrügereien alter Heiratsschwindler und ihrer modernen Pendants im Internet nicht denkbar. Wie groß muss die Sehnsucht der Menschen nach Vertrauen, Glück und Intimität sein, dass sie noch die unglaublichsten Geschichten gegen alle Vernunft und gegen alle Warnungen der Umwelt glauben und ihr Vermögen und ihre Seele aufs Spiel setzen, nur um einen Zipfel des Glücks zu erhaschen? Der Zynismus der Betrüger besteht darin, dass sie um diese unbändigen Sehnsüchte wissen und sie skrupellos ausnützen. Das ist dann auch das Fatale am Betrüger: Er muss, will er Erfolg haben, ein ausgezeichneter Psychologe und Menschenkenner sein. Über unser Innerstes lernen wir am meisten, wenn uns dieses zum Opfer eines Betrugs werden ließ.

Verglichen mit den gutgläubigen und vertrauensseligen Menschen, die in den sozialen Netzwerken den Machenschaften virtueller Herzensbrecher zum Opfer fallen, war die Frau unserer Erzählung mit einer geradezu pragmatischen Einstellung zum Leben ausgestattet, die auch eine andere Deutung dieses Betrugsmanövers erlaubt. Was, wenn die Frau das Spiel ihres Mannes durchschaut? Und aus einem einfachen Grund mitspielt: weil sie rasch erkennt, dass sie bei diesem Spiel nur gewinnen kann. Also tut sie so, als würde sie im Schreiber ihren Mann erkennen. Nun wird dieses Täuschungsmanöver zur Voraussetzung des familiären Glücks. Und der Schreiber denkt auch nicht daran, dieses durch Misstrauen oder Zweifel in Frage zu stellen und darüber zu räsonieren, ob die Frau ihm den Ehemann tatsächlich abnimmt. Jeder weiß, dass der andere nur so tut, als ob, aber diese wechselseitige Illusionierung ist der Garant des Glücks. Ja, man könnte auch in diesem Fall von jenen Lebenslügen sprechen, die einer Beziehung oder Gemeinschaft Stabilität verleihen und deren Aufdeckung in der Regel zu Katastrophen führt.

Lebenslügen halten selten ein Leben lang. Viele Jahre vergehen, dann kehrt der Mann doch zurück, getrieben von einer undefinierbaren, wenig leidenschaftlichen Sehnsucht. Und er fordert seine Stelle als Vater und Ehemann zurück, jene Stelle, die er selbst seinem Schreiber angetragen hatte. Seine Rechtfertigung dafür klingt wie ein moralisches Prinzip, das keinen Widerspruch und keine Ausnahmen zulässt: Betrug ist Betrug. Dass er selbst seinen Schreiber in ein Netzwerk der Täuschungen trieb, zählt dabei wenig. Es zählt nur eines: Seine Frau hat mit einem anderen verkehrt, ein halbes Leben lang. Und dass sie das im Glauben tat, ohnehin ihrem rechtmäßigen Mann anzugehören, rechtfertigt gar nichts: Betrug bleibt Betrug. Weder die Frau noch der Sohn oder der Schreiber verweist darauf, dass der Mann durch sein Verhalten längst jeden Anspruch auf Frau und Kind verwirkt hat. Es gilt nur dieses eherne moralische Prinzip, das keine Rücksichten auf besondere Situationen und keine Ausnahmen kennt. Alle akzeptieren dieses Prinzip, und der Sohn umarmt den ungeliebten, nun zurückgekehrten Vater, der Schreiber verlässt das Haus. Die Welt ist wieder in Ordnung.

Ist die Welt jemals in Ordnung? Diese Geschichte endet doch mit einer Provokation: Betrug ist Betrug. Das mag schon sein. Aber wer, wenn überhaupt, war in dieser Geschichte der Betrüger? Hätte man nicht mit demselben Satz dem Mann die Heimkehr in den Schoß der Familie verwehren können? Hat er nicht vom ersten fingierten Brief an getäuscht und betrogen? Wiegt der Betrug der Betrogenen wirklich schwerer als der Betrug des Betrügers? Und vor allem: Hat nicht das Leben das größere Recht gegenüber vermeintlichen Prinzipien? Wäre es nicht angemessener gewesen zu akzeptieren, dass die Lebenslügen, die den Schreiber und die Frau zusammengeführt hatten, ein besseres, erfüllteres Leben erlaubten als die Rechtmäßigkeit einer Ehe, die nur noch auf dem Papier bestand und die einzufordern nach all den Jahren eher einer Unverschämtheit gleichkommt?

Diese Geschichte stellt uns auf die Probe. Sie zwingt uns, ein moralisches Prinzip gegen eine Lebenswirklichkeit abzuwägen, die den Betrug zu ihren Bedingungen zählen kann. Ob die Rückkehr des Mannes Resultat einer Läuterung war, kann bezweifelt werden. Vielleicht wäre es besser gewesen, ihm die Tür zu weisen. Es stimmt schon: Einer der beiden Männer war der falsche Mann gewesen. Aber welcher?

LÜGE

Ein Menschenrecht

Es waren einmal Zwillinge, der eine aber wurde der Ältere genannt, obwohl er als Zweiter aus dem Mutterleib gekrochen war, man meinte, er sei der Vernünftige. Als sie Kinder waren, stritten sie sich manchmal, als Erwachsene nie. Wenn sie sich stritten, sagte die Mutter zum Jüngeren: »Du bist der Ältere, gib nach.« Das erste und zweite und dritte Mal wehrte er sich und sagte: »Ich bin nicht der Ältere, das ist doch gelogen, er ist der Ältere, ich bin nur der Vernünftigere!« Mit der Zeit aber gab er nach, und irgendwann glaubte auch er selbst, er sei nicht nur vernünftiger, sondern auch älter als sein Bruder.

Der Jüngere – der, der so genannt wurde –, der hatte ein weiches Herz, dem rannen die Tränen über die Wangen, wenn er sah, wie ein Fuhrmann sein Pferd schlug. Da wäre er am liebsten hingelaufen und hätte das Tier umarmt und es um Verzeihung gebeten für die ganze Menschheit. Dann hielt ihn sein Bruder fest und sagte: »Es ist nicht richtig, was der Fuhrmann tut, und es ist nicht gut, was er tut, aber es ist sein Recht. Das Pferd gehört ihm, und ein Pferd, das einem gehört, darf man schlagen, damit es seinen Dienst tut. Das ist nicht gut, aber es ist rechtens und vernünftig. Denn wäre es nicht rechtens, wäre es nicht vernünftig, und wäre es nicht vernünftig, dann wäre es nicht rechtens.«

Als sie größer geworden waren und schließlich erwachsen, trennten sie sich. Das heißt, der Jüngere zog in die Stadt, der Ältere blieb auf dem Land. Der Ältere fragte seinen Bruder: »Was willst du in der Stadt? Wir kennen niemanden in der Stadt. Du bist schon zu weichselig für das Land, was wird dir erst in der Stadt blühen!«

Der Jüngere antwortete: »Deshalb ziehe ich ja dorthin. Damit ich härter in der Brust werde. Hier wirst du immer auf mich achtgeben, und ich werde keine Veranlassung sehen, Härte und Gewalt auszubilden gegenüber den Menschen und den Tieren.«

»Du sprichst schon wie einer aus der Stadt«, sagte der Ältere. »Du verwendest Wörter, die wir nie sagen würden, hier am Land.«

»Mit den Wörtern fängt es an«, sagte der Jüngere. »Die Wörter, die ich immer gebraucht habe, sind wie meine Freunde. Die neuen Wörter gehen mich nichts an, ich muss nicht auf sie achtgeben, es sind nicht die meinen. Wenn sie Mode sind, nehme ich sie, wenn sie aus der Mode kommen, lasse ich sie.«

Als sein Bruder ausgezogen war, suchte sich der Ältere einen Freund. Er wollte nicht allein sein. Erst als der Jüngere aus dem Haus war, spürte er, wie sehr er ihn geliebt hatte. Nun versuchte er einen anderen zu lieben. Aber der Freund erwies sich als ein Betrüger und ein Dieb. Er stahl dem Älteren alles Geld und machte sich davon.

Der Jüngere, als er allein in der Stadt war, suchte auch einen Freund, denn auch er fühlte erst jetzt, wie sehr er seinen Bruder geliebt hatte, und versuchte nun, einen anderen zu lieben. Aber der Freund des Jüngeren war genauso ein Schuft, sogar noch ein größerer, er brachte seinen Bruder mit, und sie raubten ihn aus und schlugen ihn obendrein nieder und ließen ihn liegen, und nicht viel hätte gefehlt, und der Jüngere wäre in der fernen Stadt elend verblutet. Aber als er wieder gesund war, war aus ihm ein harter Mann geworden. Die Krankheit und die Kränkung hatten es gemacht. Er sah, wie ein Mann seinen Hund mit Füßen trat und nicht von ihm abließ, er hörte das Tier jaulen und jammern, aber er hatte kein Mitleid. Jeder soll sich um sich selber kümmern, sagte er sich, ob Mensch, ob Hund. Hat der Hund nicht Zähne und Klauen? Warum benutzt er sie nicht? Der Himmel kümmert sich auch nur um sich selbst, er fragt nicht, ob Regen gebraucht wird oder nicht, und wenn die Sonne brennt, dann brennt sie dort, wo es am meisten wehtut.

Beim Älteren war es ganz anders. Er hatte alles verloren, seinen Bruder, sein Hab und Gut und seinen neuen Freund. Da weinte er zum ersten Mal in seinem Leben. Er saß auf der Schwelle seines Hauses und weinte. »Ach, wäre doch nur mein Bruder bei mir!«, klagte er.

Der Bruder aber, der Jüngere, der wurde von Tag zu Tag härter im Gemüt. Er verklagte den, der ihn ausgeraubt und niedergeschlagen hatte. Denn Rauben und Niederschlagen waren nicht rechtens. Der Täter fiel vor ihm auf die Knie und bat um Verzeihung, er sei am Ende gewesen und habe sich keinen Rat mehr gewusst, seine Schwester sei auch am Ende gewesen und seine Mutter auch und der Vater auch und der Bruder erst recht, alle seien sie am Ende, die Stadt sei schlecht, die Menschen seien schlecht, die Welt sei schlecht. Nicht seine Idee sei es gewesen, ihn auszurauben, und nicht er habe ihn niedergeschlagen, sondern sein Bruder. Aber der Jüngere sah ihn nur an, durch ihn hindurch sah er, und er sagte: »Du musst es auslöffeln.« Und das musste er. Für zehn Jahre wurde er ins Gefängnis gesteckt.

Aber damit war die Geschichte noch nicht zu Ende. Denn der böse Freund hatte die Wahrheit gesagt: Er hatte einen Bruder und eine Schwester und einen Vater und eine Mutter, und sie alle waren am Ende, für sie hatte er gestohlen, nur für sie. Und der Bruder, den ich von nun an den Verbrecher nennen möchte, der ließ verlautbaren, wenn er den Jüngeren treffe, dann werde er ihm den Bauch aufschlitzen, vom Furz bis zum Adamsapfel hinauf. Da machte sich der Jüngere aus der Stadt davon. Nicht, dass er Angst gehabt hätte, das nicht. Er war inzwischen ein harter Mann geworden, aber ein Kämpfer war er nicht, denn er wusste, zu kämpfen war gegen das Gesetz, es war nicht rechtens. Er schätzte ab und kam zu dem Ergebnis, es ist besser zu fliehen als zu bleiben. Also floh er. Und als er unterwegs war, musste er lächeln. Wenn mich jetzt mein Bruder, der Ältere, sähe, dachte er, er wäre stolz auch mich. Erstens, weil ich ein harter Mann geworden bin. Zweitens, weil ich vernünftig bin und weiß, was rechtens ist und was nicht. Und weil er gerade an seinen Bruder dachte, den Älteren, dachte er weiter an ihn und dachte: Warum verstecke ich mich vor dem Verbrecher nicht bei meinem Bruder? Immer hat er auf mich aufgepasst, er wird es auch diesmal tun. Wir werden es beide tun.

Der Ältere derweil, saß noch immer auf der Schwelle zu seinem Haus und weinte, und er dachte: Nun bin ich schon geworden wie mein Bruder, der Jüngere, weich bin ich geworden wegen der Sehnsucht und des Unglücks. Und gerade in dem Augenblick, als er wieder seufzen wollte, nichts wünsche er sich sehnlicher, als dass der Jüngere zu ihm zurückkehre, gerade in diesem

Augenblick trat der Jüngere um die Hausecke und rief: »Ich bin da! Da bin ich! Darf ich mich zu dir setzen?«

Da saßen sie also nebeneinander auf der Schwelle und saßen bis in den Abend hinein, und der Ältere musste immer wieder weinen, und der Jüngere sah, dass das Gemüt seines Bruder weich geworden war, so weich, wie sein eigenes Gemüt gewesen war, bevor er in die Stadt zog. Er streichelte seinen Bruder, nahm seinen Kopf in die Hände und küsste ihn.

»Nun bin ich ja da«, sagte er. »Nun bin ich ja bei dir.«

Und dann erzählte der Jüngere, warum er die Stadt verlassen hatte. Dass ein Verbrecher hinter ihm her war und dass er aus einem einzigen Grund hinter ihm her war, nämlich weil er rechtens und vernünftig gehandelt hatte. Und die beiden Brüder erzählen einander, was ihnen geschehen war. Ein Ähnliches war ihnen geschehen, beide waren sie von einem bösen Freund bestohlen und betrogen und ausgeraubt worden. Nur dass der Ältere dabei im Gemüt weich und der Jüngere im Gemüt hart geworden war.

So lebten die beiden Brüder wieder unter einem Dach, und niemals war Streit zwischen ihnen. Und eines Tages klopfte es an der Tür. Der Jüngere war gerade in der Küche, um Mittagessen zu kochen, also öffnete der Ältere.

Draußen stand ein Mann, ein finsterer Mann. Der fragte: »Ist der Jüngere da?«

Der Ältere schaute sich den Mann an, sein Bruder hatte ihm den Verbrecher nämlich sehr gut beschrieben, und der da, der konnte niemand anderer sein.

»Was willst du von ihm?«, fragte er.

»Das brauche ich dir nicht zu erklären«, sagte der Verbrecher. »Das erkläre ich nur ihm.«

»Nein«, sagte der Ältere, »er ist nicht hier.«

Da drehte sich der Mann um und ging. Er war ein Verbrecher, weil ich ihn so nenne, aber in Wirklichkeit war er kein richtiger Verbrecher. Er wollte nur seinen Bruder rächen.

Wäre er tatsächlich ein Verbrecher gewesen, hätte er mit der Faust auf den Älteren draufgehauen und selber nachgesehen, ob der Jüngere im Haus ist oder nicht. Er wusste, der da ist nicht schuld, dass der Bruder im Gefängnis saß, der da nicht. Also tat er dem Älteren nichts und ging.

Der Jüngere aber hatte in der Küche gehört, wer an der Tür war, nämlich der, den ich weiterhin den Verbrecher nennen möchte. Und er dachte, mein Bruder, der Ältere, wird ihn nicht anlügen, denn lügen ist erstens nicht rechtens, zweitens nicht vernünftig, eben weil es nicht rechtens ist, also wird er die Wahrheit sagen und den Verbrecher hereinlassen und ihm zeigen, wo die Küche ist. Also ist der Jüngere durch das Fenster gestiegen und hinaus auf die Gasse.

Aber was dort? Dort traf er auf den Verbrecher, der gerade von der Haustür kam, und der hat ihm das Messer zwischen die Rippen gehauen, sodass er auf der Stelle tot war.

Von nun an konnte man den Älteren nur noch auf der Schwelle zum Haus sitzen sehen. Tag und Nacht weinte er. Er schlug die Fäuste gegen seine Stirn. »Ach«, rief er, »hätte ich doch nur rechtens und vernünftig gehandelt und den Verbrecher ins Haus gelassen und ihm die Küche gezeigt, in der, wie ich dachte, mein Bruder ist! Dann hätte er die Küche leer gefunden, und mein Bruder hätte genug Zeit gehabt zu fliehen!«

Die Nachbarn sagten: »Lass doch! Du bist nicht schuld! Was, wenn dein Bruder nicht aus dem Fenster auf die Gasse gestiegen wäre! Dann hätte ihn der Verbrecher in der Küche getötet!«

»Ja«, jammerte der Ältere, »da habt ihr recht.«

»Dann hättest du Grund zu weinen«, sagten die Nachbarn. »Dann ja!«

»Nein«, klagte der Ältere, »dann hätte ich nur einen Grund zu weinen. So aber habe ich doppelt Grund. Ich weine zum Ersten um meinen Bruder und zum Zweiten, weil ich gelogen habe. Ich weine, weil ich traurig bin und weil ich nicht rechtens und vernünftig gehandelt habe.

Ich bin der Ältere, ich hätte es wissen müssen, ich hätte es wissen müssen!«

Und er weinte bis an sein Lebensende.

∞ ∞ ∞

Wenig scheint uns so verdammenswert zu sein wie die Lüge. Wenn wir wieder einmal lesen, dass ein hochrangiger Politiker, gar der Präsident der USA, gelogen hat, wenn wir in den sozialen Medien mit *Fake News* konfrontiert werden, wenn wir erfahren, dass Reportagen in angesehenen Nachrichtenmagazinen gefälscht wurden, wenn bekannt wird, dass wissenschaftliche Untersuchungen in wessen Interesse auch immer manipuliert worden sind, kennt unsere Empörung kaum Grenzen. Wir spüren, dass es schwer ist, in einer Informationswelt zu leben, in der man fast keiner Information trauen kann. Dass uns dies nicht resistenter, sondern anfälliger für die Lüge macht, zeigt sich auch im Interesse an Verschwörungstheorien, die ja ihre Anhänger nicht nur unter böswilligen Menschen finden, sondern auch unter jenen, die an den offiziellen und offiziösen Nachrichten ihre vielleicht sogar berechtigten Zweifel haben.

Begibt man sich in das Feld des privaten Lebens, begegnen wir der Lüge mit vielleicht noch größerem Unbehagen. Von einem Freund, seinem Lebenspartner, seiner Geliebten, seinen Kindern oder seinen Eltern belogen zu werden vermag das soziale Beziehungsgeflecht, in dem wir uns bewegen und bewegen müssen, nachhaltig zu beeinträchtigen, wenn nicht zu zerstören. Der Vorwurf, gelogen zu haben, wiegt schwer, und niemand lässt sich gerne Lügner nennen. Neben dem Verdammenswerten schwingt in diesem Vorwurf immer auch ein Ton der Verachtung mit. Der Lügner ist nicht nur unaufrichtig, er ist offenbar auch feige. Der Lügner wagt nicht, das zu sagen, was er für die Wahrheit hält, er steht nicht zu dem, was er weiß. Der Lügner biegt alles so zurecht, wie es seinen Bedürfnissen oder denen seiner Auftraggeber entgegenkommt. Der notorische Lügner begeht nicht nur einen moralischen Fehltritt, er hat einen schwachen Charakter, ja, er ist böse. In der Empörung über die großen und kleinen Lügner unserer Zeit schwingt so immer auch ein bisschen etwas von der Genugtuung mit, damit wieder einmal über das Böse triumphiert zu haben.

Und doch ist die Verurteilung der Lüge von einer seltsamen Unentschlossenheit gekennzeichnet. Denn die Lüge betrifft, im Gegensatz zu anderen moralisch zu verurteilenden Vergehen und Verbrechen, jeden. Nicht jeder von uns ist ein Dieb, Vergewaltiger oder gar Mörder, nicht jeder von uns ist mit solchen Verbrechen konfrontiert worden. Anders verhält es sich mit der Lüge. Nicht nur, dass jeder schon einmal Opfer einer Lüge war, jeder hat auch schon einmal – in der Regel mehrmals – gelogen. Wer die Lüge verdammt, verdammt damit immer auch ein wenig sich selbst. Wer sich ständig über die Lügen der anderen aufregt, kommt deshalb schnell in den Verdacht, von seinen eigenen Lügen abzulenken. Kommen diese doch einmal zur Sprache, schützen wir gerne gute Gründe vor, die andere angeblich nicht haben: Es war nur eine kleine Lüge, nicht mehr als eine Höflichkeitsfloskel, oder man wollte sich und anderen Ärger ersparen, es war eine Notlüge, durch die Schlimmeres verhindert werden konnte, es war eine Lüge, die einen anderen Menschen vor Schaden bewahrte. Und solche Lügen sind doch gerechtfertigt. Oder etwa nicht? Damit sind wir bei unserer Geschichte.

Nichts stimmt an dieser Geschichte, alles ist verkehrt. Das beginnt damit, dass die Zwillingsbrüder ihr Geburtsverhältnis umkehren: Der jüngere Bruder wird zum älteren, weil er vernünftiger ist, der ältere Bruder zum jüngeren, weil er emotional, kindlich und unreif erscheint. Die Lebenserfahrungen der beiden Brüder nach ihrer Trennung, die so ähnlich sind, werden diese Eigenschaften noch einmal umkehren: Der vernünftige »Ältere« wird gefühlsbetont und irrational, der emotionale »Jüngere« wird hart werden und die Prinzipien des Rechtes und des Gesetzes hochhalten und durchsetzen, wo immer er kann.

Dieses Vexierspiel präludiert eine fundamentale Form der Verwirrung: Die Frage nach Wahrheit und Lüge, genauer die Frage, ob es unter allen Umständen geboten sein kann, die Wahrheit zu sagen. Die Vorgeschichte zur Schlussszene, in der diese brisanten Fragen kulminieren, ist dabei selbst von höchster Relevanz, postuliert sie doch ein dramatisches Spannungsfeld, in dem sich Recht und Moral, Weisheit und Wissen, Wahrheit und Lüge konfliktreich gegenüberstehen. Beiden Brüdern wurde auf ähnliche Art und Weise unrecht getan: dem einen in seiner Heimat, dem anderen in der Fremde, dem einen im Dorf, dem anderen in der Stadt. Das Unrecht kennt keine definierten Zonen, es erweist sich in jeder Hinsicht als grenzüberschreitend. Beide Brüder machen die bittere Erfahrung, dass ihre vermeintlichen Freunde zu jeder Schandtat fähig sind. Zum Verlust des Geldes, zu den körperlichen Schmerzen und zur Demütigung gesellt sich noch die Trauer über das enttäuschte und missbrauchte Vertrauen. Aber wie unterschiedlich reagieren die namenlosen Brüder auf diese Erfahrungen! Während der eine melancholisch und sentimental wird, verhärtet sich der andere und weiß das Recht und das Gesetz auf seiner Seite. Er kennt kein Mitleid mehr wie in jungen Jahren, er lässt sich durch die herzzerreißende

Geschichte des Übeltäters nicht nachsichtig stimmen, sondern erlebt mit Genugtuung dessen Bestrafung. Und wer könnte es ihm verübeln? Natürlich hat jedes Verbrechen eine Vorgeschichte, lassen sich plausible Motive angeben, sind viele Täter in einer schwierigen Situation, aber keiner dieser Umstände rechtfertigt eine üble Tat.

Dass der »Verbrecher«, wie ihn die Geschichte nun nennt, auf Rache sinnt, ist dennoch verständlich. Seine Motive, sein Bitten und Flehen wurden nicht anerkannt. Das Gesetz wird ihm nicht helfen, diese Missachtung zu sanktionieren, denn der Jüngere hat sich eben an dieses Gesetz gehalten und weiß es auf seiner Seite. Also bleibt nur die private Abrechnung. Der Jüngere glaubt den Drohungen, er flieht und sucht Sicherheit bei seinem Bruder. Als der Verfolger bei diesem eintrifft, kommt es zum dramatischen Finale. Der Ältere macht das, was die meisten von uns in dieser Situation täten, und belügt den Verfolger über die Anwesenheit seines Bruders, um diesen zu schützen und zu retten. Und treibt ihn genau durch diese vermeintlich gerechtfertigte Lüge in die Arme seines Verfolgers und damit in den Tod. Dass der Ältere darob den Rest seines Lebens weinen wird – wer möchte es ihm verübeln?

Diese Geschichte variiert auf überraschende Weise einen legendären Disput aus der Geschichte der Philosophie. Der Kern dieser Geschichte findet sich in der Schrift

Über politische Reaktion des französischen Politikers und Romanciers Benjamin Constant aus dem Jahre 1797. Darin machte sich Constant lustig über einen namentlich nicht genannten deutschen Philosophen, der die absonderliche These vertrete, dass es unter allen Umständen die Pflicht des Menschen sei, die Wahrheit zu sagen, sogar in solch einem Fall, in dem die Lüge einem von Mördern verfolgten Freund das Leben retten könnte. Constant argumentiert messerscharf: Eine Pflicht besteht nur dort, wo es auch ein Recht gibt. Da, wo es keine Rechte gibt, gibt es auch keine Pflichten. Die Wahrheit zu sagen ist zwar eine Pflicht. Aber diese Pflicht gilt nur gegenüber denjenigen, die auch ein Recht auf diese Wahrheit haben. Kein Mensch aber hat das Recht auf eine Wahrheit, die anderen schadet.

Nach einer mündlichen Auskunft Constants war mit dem deutschen Philosophen tatsächlich niemand Geringerer als Immanuel Kant gemeint; dieser »gestand« zwar, solches gesagt zu haben, obwohl er sich nicht mehr »besinnen« könne, wann und wo. Tatsächlich hatte Kant dieses Beispiel gar nicht gebracht, aber es passte wohl so sehr zu seinem Denken, dass er sich durch Constant zu einer kleinen Streitschrift provoziert fühlte, die bis heute die Gemüter erregt: *Über das vermeintliche Recht, aus Menschenliebe zu lügen.* Unter welchen Bedingungen auch immer gedacht, das Recht zu lügen kann für Kant immer nur ein »vermeintliches« Recht sein. Tatsächlich gilt es nie. Warum dies?

Halten wir fest: Dort, wo nach Constant durch die Wahrheit ein Dritter geschädigt würde, hat nicht nur der Fragesteller kein Recht auf diese Wahrheit, sondern damit der Befragte auch das Recht zur Lüge. In seiner Replik macht Kant zuerst einmal klar, dass Benjamin Constant ein schwerer, wenn auch heute noch oft gemachter logischer Fehler unterlaufen sei: die Verwechslung von Wahrheit und Wahrhaftigkeit. Ein Recht auf Wahrheit wäre ein gar seltsames Ding – unterstellte es doch, dass der andere tatsächlich die »Wahrheit« weiß. Nein, es kann immer nur um ein Recht auf oder eine Pflicht zur Wahrhaftigkeit gehen. Und wahrhaftig ist ein Mensch dann, wenn das, was er sagt, mit dem übereinstimmt, was er für wahr hält. Radikal wie kein anderer hat Kant die Pflicht zu dieser Wahrhaftigkeit verteidigt – weil ein Recht auf die Lüge die Idee des Rechts selbst sabotierte. Rechtsverhältnisse setzen voraus, dass Menschen es ehrlich miteinander meinen. Auch wenn ich durch eine Lüge einen Menschen vor Schaden bewahren kann, schädige ich doch jemanden – und zwar die Menschheit überhaupt, der durch eine noch so gut gemeinte Lüge jede Basis für eine offene und vertrauende Kommunikation genommen wird. Jede Lüge nagt an jenem Fundament, auf dem Vertragstreue und einzuhaltende Versprechen und damit jedes gedeihliche Zusammenleben aufbauen können. Und dieser Schaden ist immer schlimmer als der Nutzen, den ein Einzelner durch eine Lüge haben kann.

Was den konkreten, von Constant angesprochenen und Kant unterschobenen Fall des Freundes betrifft, der durch eine Lüge vor seinem Mörder geschützt werden dürfe, hat sich Kant zu einer Antwort verstiegen, die in weiterer Folge viel Heiterkeit ausgelöst hat: Wer durch eine Lüge jemandem hilft, ist für alle Konsequenzen dieser Handlung verantwortlich. Erwächst aus dieser Lüge ein umso größerer Schaden, weil der durch die Lüge beschützte Freund vielleicht das Haus verlassen hat und in die Arme seines Mörders rennt, ist der Lügner schuldig geworden. Wer jedoch bei der Wahrheit bleibt, kann nie belangt werden, welche Konsequenzen dies auch haben mag, da es niemandem vorzuwerfen ist, dass er moralisch korrekt und damit rechtmäßig gehandelt hat.

Man hat diesen Versuch Kants, die unbedingte Pflicht zur Wahrhaftigkeit auch in prekären und extremen Situationen zu verteidigen, gerne als Indiz für die Weltfremdheit dieses rigiden Philosophen gedeutet. Moderne Philosophiedidaktiker treiben das Beispiel Constants gerne auf die Spitze und konfrontieren dann ihre Schüler mit dem Fall eines Menschen, der im »Dritten Reich« einen von der Gestapo verfolgten Juden versteckt und von den Geheimpolizisten genau danach gefragt wird. Natürlich, so wird nahegelegt, ist es in diesem Fall nicht nur erlaubt, sondern geradezu geboten, zu lügen. Anderenfalls machte man sich zum Komplizen eines verbrecherischen Regimes.

Der Mann in unserer Geschichte, der dem Jüngeren auf den Fersen ist, war auch ein Verbrecher. Und der Ältere wollte seinen Zwillingsbruder getreu den Empfehlungen Benjamin Constants und der modernen Philosophiedidaktik schützen und griff zur Lüge. Und es geschah genau das, vor dem Immanuel Kant gewarnt hatte. Erst durch diese Lüge wurde das Schicksal des Bruders besiegelt, und mit dieser doppelten Schuld kann der Lügner nur noch schwer leben. Fraglich aber, ob im umgekehrten Fall, wenn der Ältere bei der Wahrheit geblieben wäre und der Bruder nicht geflohen und noch in der Wohnung ermordet worden wäre, das Gewissen des nun Wahrhaftigen weniger belastet gewesen wäre. Was Kant vielleicht übersehen hatte: Auch wenn in seinem Sinne moralisch alles korrekt abgelaufen ist, kann die immer wieder sich einstellende Frage, ob eine Lüge nicht doch ein Leben hätte retten können, auch zu einer Quelle perennierenden Unglücks werden. Dass es sich in dieser Geschichte um Zwillingsbrüder handelt, mag auch andeuten, wie eng verschwistert diese Handlungsmöglichkeiten, die gleichermaßen fatal enden können, sind.

Dennoch: Für den modernen, mit allen Wassern der Notlüge gewaschenen Menschen muss die Geschichte der beiden Brüder verstörend wirken, denn sie übernimmt letztlich doch die Perspektive Immanuel Kants. So abstrus es dem pragmatischen Moralempfinden der Moderne erscheinen mag, in einer Situation, die eine Notlüge geradezu zu gebieten scheint, wahrhaftig zu bleiben, so bedenkenswert ist an dieser Stelle Kants Gegenargument: Möglich, dass die Lüge den Bruder rettet; möglich aber auch, dass sie ihn überhaupt erst ins Verderben schickt. Und der Lügner ist für die Folgen seines Tuns in einer besonderen Weise verantwortlich und kann, da es sich eben um eine Lüge handelte, dafür auch zur Rechenschaft gezogen werden. Der Wahrhaftige bleibt, wenn alles schiefgeht, mit seinen Zweifeln und Selbstvorwürfen allein.

Gibt es aus dieser fatalen Lage keinen anderen Ausweg? Der heilige Augustinus zumindest hatte für eine solche Situation noch eine heroische Lösung forciert. Unter Gewaltandrohung nach einer Information gefragt, die den eigenen Freunden oder Verbündeten schaden könnte, gibt man zwar zu, zu wissen, was der Verfolger zu wissen begehrt, weigert sich aber, dieses Wissen preiszugeben: »Ich will weder verraten noch lügen.« Zu solch einer Haltung sind vielleicht aber doch nur Heilige fähig. Alle anderen würden um das Dilemma, in dem sich der ältere Bruder, der eigentlich der jüngere ist, befindet, nicht herumkommen. Eine saubere Lösung ist dabei wohl nicht zu finden, und manchmal werden auch im Leben Wahrheit und Lüge so vertauscht sein wie die Alterszuschreibungen und Eigenschaften der Zwillinge.

EIFERSUCHT

Der Streit der Königinnen

Der Wettkampf war Betrug. Nicht Gunther stemmte den Felsbrocken und warf ihn und besiegte Brünhild – es war Siegfried. Nicht Gunther warf den Speer und zerschmetterte Brünhilds Schild – es war Siegfried. Und Siegfried war es, der Brünhild im Weitsprung besiegte, indem er Gunther weit über die Marke hinaustrug, die Brünhild gesetzt hatte. Siegfried war der Sieger; aber das wusste nur Gunther. Niemand hat Siegfried gesehen; er war unter der Tarnkappe versteckt. Als ihn dann Gunther der Brünhild vorstellte, nannte er ihn seinen Lehnsmann, und Siegfried konnte sich dagegen nicht wehren und senkte demütig den Blick. Siegfried gefiel Brünhild, so stark, wie er war, gefiel er ihr viel besser als Gunther, der ungelenk war, wenig charmant und dem sie diesen Sieg in allen Disziplinen nicht zutraute; nicht, weil er nicht stark gewesen wäre – sondern weil er nicht wie ein Sieger aussah. Aber für Brünhild war Siegfried nicht erreichbar, die Standesgrenzen waren fest gezogen. Sie meinte, er stehe unter ihr. Sie sah ihn nicht einmal an; wenn sich ihre Blicke trafen, schaute sie weg.

Wer im Zweikampf gegen sie unterliegt, der wird getötet, so lautete die Bedingung; wer Brünhild aber besiegt, der bekommt sie. Gunther hat sie besiegt. Aber Brünhild ist misstrauisch. In der Hochzeitsnacht, so nimmt sie sich vor, will sie die Kraft ihres zukünftigen Mannes noch einmal auf die Probe stellen.

In Worms wird Hochzeit gefeiert. Eine Doppelhochzeit. Gunther heiratet Brünhild, Siegfried Gunthers Schwester Kriemhild. Die Hochzeitsnächte lassen sich nicht vergleichen. Für Siegfried und Kriemhild ist es eine Liebesnacht. Für Gunther und Brünhild nicht.

Brünhild sagt: »Oh ja, du bist ein starker Mann, du hast mich besiegt.«

»Das habe ich«, sagt Gunther.

»Ich liebe starke Männer«, sagte sie.

»Ich bin stark«, sagt Gunther. Es klingt nicht so, als wäre er selbst davon überzeugt.

»Ich liebe den Kampf«, sagte sie.

»Es gibt eine Zeit für den Kampf«, sagt Gunther und möchte sich wenigstens ein wenig philosophisch zeigen, »und es gibt eine Zeit für die Liebe.«

»Ah!«, ruft Brünhild aus. »Für einen guten Kampf ist immer die rechte Zeit!«

Sie zieht sich den Gürtel vom Leib. »Zeig mir deine Arme, zeig mir deine Muskeln!«, sagt sie – befiehlt sie.

Er zeigt ihr seine Muskeln, und Brünhild schlingt den

Gürtel um seine Gelenke und fesselt ihn. Und sie hebt ihn vom Boden auf und hängt ihn an einen Haken an der Decke.

»Wenn du mich in meinen drei Disziplinen besiegt hast«, sagt sie, »dann wird es dir leichtfallen, dich zu befreien.«

Aber das konnte Gunther nicht!

Die ganze Nacht – die Hochzeitsnacht! – hing Gunther am Haken von der Decke.

Und dann gleich die nächste Demütigung. Es blieb Gunther nichts übrig, als Siegfried von dieser Schmach zu erzählen. Er erzählte ihm alles. »Sie wird mich mein Leben lang demütigen, sie wird mich nie respektieren. Sie wird herausbekommen, wer sie tatsächlich besiegt hat. Sie wird mich töten!«, jammerte er. »Du musst mir helfen!«

Siegfried überlegte und sagte schließlich: »Ich werde dir noch einmal helfen, ja. Ich wollte es eigentlich nicht, weil du mich in Island wie einen Untertan behandelt hast. Du hast mich Brünhild als deinen Lehnsmann vorgestellt, hast gesagt, du seist mein Lehnsherr. Aber weil du der Bruder von Kriemhild bist, will ich dir noch einmal helfen. Wir werden Brünhild noch einmal besiegen. Vertrau mir!«

In der folgenden Nacht zog sich Siegfried wieder die Tarnkappe über und schlich in das Gemach der Brünhild. Dort wartete er neben ihr, saß neben ihr am Bett, sie konnte ihn nicht sehen, er wartete, bis Gunther das Gemach betrat.

Und als sich Gunther über Brünhild beugte und sie sich gegen ihn sträubte, hielt Siegfried die Frau mit all seiner Kraft fest. Er half dem Gunther, Brünhild zu vergewaltigen. Und als Gunther auf der Frau lag, die er nun zum zweiten Mal mit fremder Hilfe besiegt hatte, zog ihr Siegfried, ohne dass es Brünhild und Gunther merkten, den Ring vom Finger und nahm ihren Gürtel an sich und verließ still und unsichtbar die Kammer.

Kriemhild erzählte er alles, und er ließ sie schwören, dass sie nie ein Wort darüber verliere. Sie beide hatten keine Geheimnisse voreinander.

Siegfried und Kriemhild zogen bald nach Xanten, wo Siegfrieds Burg war. Kriemhild bekam einen Sohn, und sie kam mit Siegfried überein, ihn Gunther zu nennen. Sie waren eine glückliche Familie. Aber Kriemhild hatte Heimweh nach Worms, Heimweh nach ihren Brüdern Giselher, Gernot und vor allem Gunther.

Auch Brünhild in Worms brachte einen Sohn zur Welt, und sie wünschte, dass er Siegfried heiße.

Zehn Jahre vergingen. In diesen zehn Jahren hatte ein Gedanke Brünhild nicht losgelassen: »Dieser Siegfried, er ist doch der Lehnsmann von Gunther. Mein Mann ist sein Lehnsherr. Warum gibt Gunther seine Schwester einem Mann, der nicht standesgemäß ist?« Und dann noch: »Warum hat der Lehnsmann in all diesen Jahren an seinen Lehnsherrn nie Tribut bezahlt?«

Eines Tages sagte sie zu Gunther: »Es wäre doch schön, wenn wir Siegfried und Kriemhild einladen. Ich denke, Kriemhild würde gerne nach Worms kommen.«

Man schickte einen Boten nach Xanten, und der Bote kam zurück und meldete, Kriemhild und Siegfried würden bald in Worms eintreffen.

Siegfried war inzwischen ruhiger geworden, gesetzter, er war Vater, er war König, und er durfte nicht mehr so ungestüm durch die Welt brausen wie früher, er war nun ein Mann der Politik, des Ausgleichs. Ja, der Besuch in Worms sollte auch der Politik dienen. Der Handel zwischen den Königshäusern sollte ausgebaut werden.

Ein großes Fest wurde veranstaltet. Siegfried, der Retter von Worms, war wieder da! Keiner der Bürger hatte vergessen, dass Siegfried einst die Stadt vor den Angriffen der Könige von Sachsen und Dänemark gerettet hatte. Die Stadt schmückte sich, die Bürger jubelten ihm zu. Er wurde wie ein König empfangen – und er war ja auch ein König. Brünhild wusste nicht, was sie denken sollte.

Beim großen Festmahl richtete es Brünhild so ein, dass sie neben Kriemhild zu sitzen kam. Gunther, dieser schwache Mann, ahnte nicht, was seine Frau vorhatte, aber er ahnte, dass sie etwas vorhatte. Er hatte sich von den Regierungsgeschäften ferngehalten, das heißt, er hatte alle Entscheidungen seinem Lehnsmann Hagen von Tronje überlassen. Der war treu, klug, diplomatisch und zugleich gefürchtet und geschätzt weit über die Grenzen von Worms hinaus. Und er war Brünhild ergeben, sie war seine Königin, er war auch ihr treuer Untertan und ihr Berater. Was hatte Brünhild vor? Was hatte ihr Hagen geraten?

So saßen die beiden Frauen nebeneinander, Kriemhild und Brünhild, und Brünhild begann das Gespräch und sagte: »Wie geht es dir, Kriemhild?«

Kriemhild sagte: »Ja, mir geht es gut, mir geht es sehr gut.«

»Hast du dich nach deiner Heimat gesehnt?«, fragte Brünhild.

»Ja, das habe ich. Aber sonst geht es mir gut.«

»Du bist eine tapfere Frau.«

»Das weiß ich nicht. Was an mir ist tapfer?«, fragte Kriemhild, Brünhilds Ton gefiel ihr nicht.

»Ach«, sagte Brünhild, »ich habe oft an dich gedacht, Kriemhild. Sie muss doch eine sehr unglückliche Frau sein, habe ich gedacht.«

Kriemhild sagte: »Nein, nein, das bin ich ganz und gar nicht! Warum sollte ich unglücklich sein? Ich habe einen lieben Mann und einen lieben Sohn, wir sind eine glückliche Familie. Nur manchmal fehlen mir meine Brüder.«

»Aber dein Ansehen«, sagte Brünhild.

»Was meinst du damit?«

»Darf ich offen mit dir sprechen?«, flüsterte Brünhild.

»Es gibt nichts, was meine Person betrifft«, antwortete Kriemhild und rückte ab, »nichts, worüber geflüstert werden müsste.«

»Ach«, sagte Brünhild, »du brauchst dich doch vor mir nicht zu verstellen. Ich weiß, dass du unglücklich sein musst ... mit diesem Mann ...«

Da rückte Kriemhild noch weiter von Brünhild ab. »Wie kannst du so etwas sagen! Warum sollte ich mit Siegfried unglücklich sein? Jede Frau der Welt beneidet mich um diesen Mann. Hast du nicht gesehen, wie er in Worms empfangen wurde? Er ist der Retter der Stadt. Er ist der Held von Worms! Jede Frau beneidet mich!«

Brünhild aber sagte: »Ja, ja, Kriemhild ... vielleicht jede Frau seines Standes beneidet dich.«

Da wurde Kriemhild laut: »Was meinst du jetzt damit? Was soll das heißen? Was soll das heißen!«

Brünhild blieb ruhig: »Weißt du das nicht? Das weißt du doch. Siegfried ist der Lehnsmann meines Gemahls. Gunther ist sein Lehnsherr. Daran ändert auch die Tatsache nichts, dass er Worms angeblich gerettet hat. Lehnsmann bleibt Lehnsmann, und Lehnsherr bleibt

Lehnsherr.« Und dann spricht sie es aus: »Du bist von deinem Bruder nicht standesgemäß verheiratet worden.«

Da braust Kriemhild auf: »Das ist nicht wahr! Nein, Siegfried ist ein König!«

Und sie springt auf und läuft davon.

Sie läuft zu Siegfried. »Was soll das heißen? Was wird hier erzählt? Was ist geschehen, dass so ein Gerücht aufkommt? Brünhild hat mich beleidigt! Vor allen an der Tafel hat sie mich beleidigt! Was ist los? Was soll das sein?«

»Beruhige dich«, sagt Siegfried. »Ich habe dir vielleicht nicht alles erzählt ...«

Noch vor wenigen Jahren wäre er wahrscheinlich sehr zornig geworden, hätte Brünhild zur Rede gestellt und Gunther dazu, aber nun ist Siegfried ein Mann der Politik und der Diplomatie, ein Mann des Friedens. Er will keinen Streit. Er wünscht sich Harmonie.

»Hör zu!«, sagt er zu Kriemhild. »Dein Bruder in seinem Hochmut und zugleich in seiner Furcht vor Brünhild hat mich ihr damals in Island als seinen Lehnsmann vorgestellt ...«

»Ich will den Gürtel«, unterbricht ihn Kriemhild.

»Welchen Gürtel?«

»Und den Ring.«

»Welchen Ring?«

»Den Gürtel und den Ring, die beiden Dinge, die du ihr in der Hochzeitsnacht abgenommen hast.«

»Was willst du damit?«

»Ich will diese Dinge haben!«, beharrt Kriemhild.

Da überlässt ihr Siegfried den Gürtel der Brünhild und den Ring der Brünhild.

Nächster Tag. Sonntag. Man geht zur Heiligen Messe in den Dom zu Worms. Der Zufall will es, dass Brünhild und Kriemhild im selben Augenblick vor dem Dom ankommen.

Brünhild sagt, und es klingt wie ein Befehl: »Nein! Tritt zurück, Kriemhild! Ich werde als Erste das Gotteshaus betreten. Ich werde die Erste sein, weil ich die Erste bin. Du gehst hinter mir! Du bist nicht standesgemäß verheiratet worden, Kriemhild. Du bist die Frau des Lehnsmannes meines Gemahls.«

Kriemhild antwortet und lächelt, und alle können sie sehen und hören: »Nein! Du wirst einsehen müssen, Brünhild, ich werde vor dir den Dom betreten. Ich habe etwas mitgebracht für dich, Brünhild. Willst du sehen, was ich dir mitgebracht habe?« Und sie weist ihr den Gürtel und den Ring vor. »Kennst du diesen Gürtel, Brünhild, kennst du diesen Ring?«

Brünhild erschrickt, sie wird blass. »Das ist mein Gürtel, das ist mein Ring. Seit meiner Hochzeitsnacht vermisse ich diese beiden Dinge.«

Und nun Kriemhild, mit lauter Stimme, damit alle Umstehenden es hören können: »Ja! Und ich kann dir erklären, warum du sie vermisst.«

Und sie erzählt mit lauter Stimme. Damit es alle Umstehenden hören können. Es ist wie eine Predigt auf den Stufen zum Dom. Alle hören die Schande der Brünhild und die Schande des Gunther. Alle sollen die Schande hören.

∞ ∞ ∞

Niemand ist frei davon. Allen Behauptungen und Beteuerungen zum Trotz, bei allen Bekenntnissen zu Edelmut und Großherzigkeit, kann sich dieses peinigende, quälende, hartnäckige, immer wieder aufbrechende Gefühl einstellen, das so einen schlechten Leumund hat, und vor dem doch niemand gefeit ist: Eifersucht. Dass der geliebte Mensch sich einem anderen anvertrauen könnte, und sei es nur für eine Nacht, dass der verehrte und begehrte Mensch einem anderen angehört, womöglich für ein Leben, dass der Konkurrent das bekommt, was doch einem selbst zusteht, dass, ganz allgemein gesprochen, irgendjemand dort ist, wo man selbst sein möchte, macht uns rasend. Wie verdammenswert ist diese Eifersucht, die Beziehungen dominiert und zerstört, Menschen von innen heraus auffrisst und das

Schlechteste und Gemeinste in uns zum Klingen bringt und die wir doch nicht unterdrücken können, denn in ihr zeigt sich auch das, was unser Begehren und damit uns selbst ausmacht.

Was aber, wenn das, was wir begehren, gar nicht besonders begehrenswert ist, wir es aber dennoch, oder gerade deswegen, keinem anderen gönnen? Das muss ungefähr die Situation gewesen sein, in die eine unglückliche Geschichte Brünhild manövriert hatte. Sie, die Starke, konnte nur von jemandem gefreit werden, der stärker war als sie. Dass sie nicht der Stärke Gunthers, sondern einem Betrug zum Opfer fiel, erfuhr sie erst viel später. Aber intuitiv erkannte sie in jenem Siegfried, der ihr als ein Lehnsmann des burgundischen Königs vorgestellt wurde, die einzige Stärke, die sie akzeptieren und lieben hätte können. Richard Wagner wird in seinem *Siegfried* dieses Motiv in den Vordergrund rücken und die beiden als Liebespaar inszenieren, das erst nachträglich durch eine Intrige auseinandergebracht wird. Unsere Erzählung, die sich vom *Nibelungenlied* inspirieren ließ, verzichtet auf diese aufwendigen Konstruktionen. Es genügt, dass Brünhild Gefallen an Siegfried findet und sich gleichzeitig über dieses Gefallen ärgern, vielleicht sogar schämen muss, denn Siegfried wurde ihr als Untertan vorgestellt – und die Standesgrenzen verboten es, an einem Vasallen Geschmack zu finden.

Dass Siegfried, den sie für einen Knecht halten muss, die Schwester des Königs, ihres Gemahls, heiraten darf, muss sie zusätzlich verwundern und mit einer Mischung aus Neid und Verachtung erfüllen. Und ja, sie war wohl auch eifersüchtig auf das Glück, das Kriemhild offenbar mit Siegfried genießen konnte, ein Glück, das Brünhild an der Seite eines Mannes, den sie weder liebte noch achtete, für immer verwehrt bleiben musste. Es mag uns aus heutiger Perspektive absonderlich erscheinen, dass Brünhild dieses ambivalente, nagende, irritierende und unangenehme Gefühl über zehn Jahre aushielt, hegte und pflegte. Im Gegensatz zu einer einfachen psychologischen Deutung der Gefühle als instabile und flüchtige Erscheinungen weiß diese Geschichte um die hartnäckige Konstanz vor allem negativer Affekte. Mit Hass und Eifersucht lassen sich Jahre und Jahrzehnte verbringen. Eifersucht gräbt sich ein, nagt im Inneren, wird durch jeden Hinweis, jede Erinnerung an das Glück des Anderen wieder angestachelt, kommt nicht zur Ruhe. Erst nach einem Dezennium will Brünhild endlich Klarheit in ihre verworrene Gefühlswelt bringen. Ihr Mittel dazu ist die Provokation, ihr Ziel die Demütigung der Rivalin.

Der sprichwörtlich gewordene Streit der Königinnen aus der germanischen Sagenwelt bündelt eine Reihe von Motiven und Konstellationen. Vordergründig geht es weniger um eine nicht einmal insgeheim eingestandene Liebe, sondern um die Aufrechterhaltung einer vermeintlich gefährdeten sozialen Rangordnung. Einer modernen Gesellschaft der Gleichen müsste dieses Motiv antiquiert erscheinen, wenn es denn mit der Gleichheit so einfach wäre. Anstelle der alten Standesschranken sind neue soziale Grenzen getreten, die nicht nur die gewohnten Unterschiede etwa über Einkommen und Milieus weiterhin tradieren, sondern auch neue Dimensionen kennen. Wie verhält sich denn die selbstbewusste, erfolgreiche, urbane und liberal gesinnte Frau, wenn sie sich in einen jungen, attraktiven, fremdländisch aussehenden Mann verliebt und dann erfahren muss, dass dieser primitive Hasspostings verbreitet, in seiner engen und dumpfen Denkungsart also offenbar weit unter ihr, zumindest ganz woanders steht? Und wie fühlt diese Frau, die sich von dem Hassposter wohl trennen wird, wenn sie bemerken muss, dass sich eine Rivalin in ihrem beruflichen Milieu ohne Bedenken mit diesem Mann liiert und dafür auch noch wegen der dadurch zum Ausdruck gebrachten Toleranz für Andersdenkende Anerkennung findet? Und was denkt diese Frau, wenn sie schließlich erkennen muss, dass sie einem *fake* aufgesessen ist und der junge Mann ohnehin über jeden Zweifel erhaben ist? Und wie geht es ihr, wenn all dies von ihrer Rivalin in den sozialen Netzwerken kolportiert wird und sie nun ihrerseits mit dem

Vorwurf des Rassismus zu kämpfen hat? Die Gefühle dieser Frau müssten doch einige Ähnlichkeit mit Brünhilds Seelenlage haben.

Keine Frage, Aktualisierungen soll man nicht zu weit treiben. Aber das Spiel von Anerkennung und Demütigung, von Stolz und Vorurteil ist auch in unserer Zeit noch lange nicht zu Ende gespielt. Brünhild ist eifersüchtig auf Kriemhild, und deshalb muss sie ihre Schwägerin demütigen: Wie kann eine Königstochter an der Seite eines Vasallen glücklich sein? Die Frage ist eine Waffe, die verletzen soll. Im Innersten weiß Brünhild, dass nicht nur Kriemhild mit diesem Mann ein gutes Leben führen kann, sondern dass auch sie nur mit diesem Mann hätte glücklich werden können. Das aber verdoppelt den Hass, der vermeintliche Standesunterschied ist ein willkommenes Mittel, diesem zum Durchbruch zu verhelfen. Der aus der Eifersucht geborene Hass ist in der Wahl seiner Mittel ja selten zimperlich.

Für Kriemhild ist diese Demütigung ein Schock. Darauf war sie nämlich nicht vorbereitet. Siegfried hatte ihr von der Brautwerbung König Gunters nicht alles erzählt. Die Vasallenepisode hatte er ihr verschwiegen. Und das erstaunt den heutigen Leser dann doch einigermaßen: Dass Siegfried Gunther geholfen hat, Brünhild zu vergewaltigen, hat Kriemhild nicht sonderlich aufgeregt. Von Solidarität zwischen Frauen war da von allem Anfang an keine Spur. Aber dass Siegfried sich ohne Widerstand hatte degradieren lassen, treibt sie fast bis zum Wahnsinn. Warum? Ahnt sie, dass eine korrekte Vorstellung des Helden ein ganz anderes Feuer der Leidenschaft zwischen Siegfried und Brünhild hätte entfachen können? Und war dies auch der Grund, der Gunther dazu verführte, zu allen Betrügereien mit der Tarnkappe auch noch diese Lüge hinzuzufügen? Und spürte Brünhild, dass nicht nur alle Welt Kriemhild um diesen Mann beneidete, sondern auch sie? Und jetzt – so müssen wir diese Geschichte wohl deuten – erfährt sie aus Kriemhilds Mund, dass sie nicht von einem König, sondern von dessen Vasallen entjungfert und damit ihrer Kräfte beraubt wurde? Dass Kriemhild selbst es besser wusste, wird sie nicht daran gehindert haben, die Variante der Geschichte zu erzählen, die imstande war, Brünhild bis in die Knochen zu beschämen und zu demütigen. Zumindest das *Nibelungenlied* lässt daran keinen Zweifel: »*den dînen schœnen lip / den minnete êrste Sîfrit, der mîn vil lieber man. / jane wás ez niht mîn bruoder, der dir den magetoum an gewan.*« – »Siegfried, mein lieber Gemahl, war der Erste, der deinen schönen Leib berührt hat. Es war nicht mein Bruder Gunther, der dich zur Frau gemacht hat.«

Brünhild erkennt: Sie war das Opfer eines Komplotts. Alle ihre Gefühle schlagen um in ein einziges: Rache.

Siegfried wird – wir kennen den Ausgang der Geschichte – sterben müssen. Aus Begehren und Eifersucht wird Hass. Das Begehrte, das nun doppelt verachtet wird, muss vernichtet werden. Diese Vernichtung ist die einzige Chance, sich selbst ein Begehren zu verzeihen, das in jeder Hinsicht fehlgeleitet war.

Und Kriemhild? Können wir den Erzählern trauen, die uns weismachen wollen, dass sie die königliche Hochzeitsnacht, in der ihr Gatte Beihilfe zu einer Vergewaltigung geleistet hat, ganz kaltgelassen hätte? Wohl kaum. Es war ja nicht irgendwer, der versucht hat, sie vor dem Dom von Worms zu demütigen, es war die Frau, der Siegfried, wenn auch unter einer Tarnkappe, nah, sehr nah gewesen war. Erst die daraus erwachsende Eifersucht, so könnte eine These lauten, verführte Kriemhild dazu, auf den Stufen der Kirche ihre Hasspredigt gegen Brünhild zu halten. Diese war und blieb die Rivalin, die ihr alles streitig machen wollte: den Stand, die gesellschaftliche Anerkennung, den Mann, das Glück.

In dieser legendären Episode durchdringen sich nicht nur die Welten der Gefühle, sondern auch die Kulturen und deren Geschlechterordnungen. Dass sich diese verbalen Exzesse wechselseitiger Demütigungen am Eingang zu einem christlichen Gotteshaus ereignen, dämpft die archaischen Emotionen nicht ab. Kein Diener Gottes erscheint, um zu Verständnis, Mäßigung und Verzeihen aufzurufen. Das ist wohl der Überlieferung geschuldet, die alte germanische Mythen in einen christlichen Kontext stellen musste. Das kann aber auch als ein Hinweis gewertet werden, dass die Intensität von Leidenschaften nicht so einfach durch die Fassade einer christlichen Moral gezähmt werden kann. Kränkung, Neid, Eifersucht und Demütigung sind starke Affekte, die sich durch alle Decken der Zivilisation brechen, sind quälende Emotionen, die immer wieder und nachhaltig aus den Tiefen des Unbewussten auftauchen können.

Das *Nibelungenlied* gab dieser Episode den Titel »Wie die küneginne einander schulten« – »Wie die Königinnen miteinander stritten«. Ja, es war ein Streit der Königinnen. Deren Emotionen prallen mit Wucht aufeinander. Und wie bei jedem Eifersuchtsdrama geht es nicht nur um enttäuschte Liebe, Neid, Verlangen und Verlustängste, sondern auch um Macht. Macht über den anderen, macht über die Rivalin, Macht im Kampf um Ansehen und Anerkennung. Die Eifersucht zerschlägt den Ring der Privatheit, den Liebende zumindest eine kurze Zeit um ihre Beziehung legen können. Die Eifersucht markiert den Eintritt eines Dritten, in welcher Konstellation auch immer. Die Liebenden sind nicht mehr allein. In unserem Fall will Brünhild ihr verratenes Glück rächen durch eine Geste der politischen Dominanz gegenüber der Schwägerin. Wenn in aller Öffentlichkeit klar ist, dass Siegfried nur ein Knecht ist, muss sie diesem Glück nicht nachtrauern. Doch dieser Anschlag misslingt. Kriemhild – und dies ist die schärfste Waffe in einem Eifersuchtsdrama – weiß etwas, was Brünhild nicht weiß: wie es in der Hochzeitsnacht wirklich zugegangen ist. Diesem Wissen hat Brünhild nichts anderes mehr entgegenzusetzen als einen unbändigen Willen zur Vernichtung. Hagen von Tronje wird ihr zum Werkzeug dieses Willens werden.

Die Könige spielen demgegenüber eine denkbar untergeordnete Rolle. Gunther, blass und schwach, in jeder Hinsicht abhängig von Siegfried, bekommt die Misere, die er angerichtet hat, nicht in den Griff. Sein Begehren war schlechterdings unangemessen, er hätte nie einen Anspruch auf Brünhild erheben dürfen, und er kann deshalb diesen Anspruch nur durch eine erbärmliche Täuschung durchsetzen. Wäre das auch noch eine Lehre für eine moderne Welt – dass nicht jeder das Recht hat, jeden zu begehren?

Und Siegfried, der Held? Er lässt wenig von seinem Heldentum spüren. Er tat zwar alles, um Kriemhild zu gewinnen, seinem Begehren werden dadurch aber die anderen Menschen Mittel zum Zweck, und er selbst wird zum unehrlichen Akteur in einem gemeinen Täuschungsmanöver. Auch wenn er in der strittigen Szene gerne diplomatisch reagiert hätte – angesichts der Kränkungen, die diesen Frauen zugefügt worden waren, muss alle Diplomatie versagen. Die Logik der Eifersucht, die in diesem Streit mannigfach gebrochen erscheint, kennt letzten Endes nur eine Conclusio: Einer muss weg. Am Ende des *Nibelungenliedes* sind alle tot.

UNTERWERFUNG

Das große Klatschen

Es war einmal ein Parteitag. Der wurde weit weg von der Hauptstadt abgehalten. Zum Schluss las der Vorsitzende eine Grußbotschaft des Genossen Josef Stalin vor. Da erhoben sich alle von ihren Plätzen und klatschten. Und hörten nicht auf. Denn wer würde der Erste sein, der aufhörte? Was würden seine Gründe sein? Verdiente die Grußbotschaft des Genossen Stalin nur ein kleines Klatschen? Was würde der Erste, der die Hände in die Taschen steckte und sich setzte, damit zum Ausdruck bringen wollen? Dass es da etwas gab, was am Genossen Stalin zu kritisieren wäre? Warum hat er sich dann nicht zu Wort gemeldet, als der Parteitag noch in vollem Gange war? Oder würde er mit dem Klatschen aufhören, weil ihm die Hände wehtaten und er zu müde war? Taten denn dem Genossen Stalin die Hände nicht weh beim Dirigieren? Wurde der Genosse Stalin denn nicht müde vom Lenken? Hat der Genosse Stalin seine Hände in die Taschen geschoben und sich womöglich auf sein Kanapee gelegt? Was war Klatschen im Vergleich zum Dirigieren und Lenken? Meinte der, der als Erster mit dem

Klatschen aufhörte, der Genosse Stalin verdiene nicht, dass man sich ein bisschen zusammennehme und für eine kleine Zeit die Faulheit überwinde und den kleinen Schmerz in den Händen in Kauf nehme? Oder glaubte man, die Hände schonen zu müssen für etwas Besseres? Was aber wäre das Bessere, und was für Hände hatte man denn? Waren es die Hände eines Werktätigen, der zum Beispiel an einem Hochofen arbeitete? Oder waren es die Hände eines Betonmischers? Oder waren es die Hände eines Bauern, der sich das Heu auf den Rücken lud, doppelt so viel, wie er selber auf die Waage brachte? Oder waren es die Hände eines Hafenarbeiters, der die Ladung eines Frachters löschte? Waren es nicht vielmehr die Hände eines Funktionärs, die weder Schrunden noch Wunden vorzuweisen hatten, Hände, die weiß waren und weich? Konnte solchen Händen nicht zugemutet werden, dass sie zu Ehren des Genossen Stalin ein bisschen zusammengeschlagen wurden? – Nein, keiner dachte daran, mit dem Klatschen aufzuhören.

Darum dauerte das Klatschen bald schon eine gute halbe Stunde.

Unter den Klatschenden war auch Wassili Igorowitsch, der Großvater von Warwara Kowalewskaja, der berühmten Kunstturnerin, er war schon ein alter Mann, und beim Schneeschaufeln vor fünfzehn Jahren war die Schraube aus der Schaufel gesprungen und hatte ihm die Sehne beim Daumen abgetrennt, und die Wunde war wild verheilt und schmerzte immer noch bei großer Hitze oder großer Kälte. Und nun schmerzte sie beim Klatschen. Und das konnten alle sehen, die neben, hinter oder vor Wassili Igorowitsch standen, denn der Alte verzog das Gesicht. Da beugte sich Timofej Zacharowitsch, der Ingenieur, zu ihm hin und flüsterte ihm ins Ohr: »Du musst nicht mehr weiterklatschen, Wassili, du bist ein verdienstvoller Genosse. Alle hier wissen, dass du innerlich weiterklatschst, wenn du dich jetzt niedersetzt.« Aber Wassili Igorowitsch wollte sich nicht niedersetzen und innerlich klatschen, er wollte klatschen, wie alle klatschten. »Ich klatsche«, sagte er, »bis ich tot bin!« Und das sagte er sehr laut, so laut, dass es viele um ihn herum hören konnten. Und die es nicht hören konnten, fragten: »Was hat denn der alte verdienstvolle Genosse Wassili Igorowitsch Gobulew gesagt?« Und es wurde ihnen geantwortet: »Er hat gesagt, er klatscht zu Ehren des Genossen Stalin, bis er tot umfällt.« Da wusste jeder bei sich, dass keiner, nie und nimmer, mit dem Klatschen aufhören könnte, bevor nicht dieser Mann aus dem Saal getragen würde, denn Wassili Igorowitsch war ein Vorbild, hinter das man nicht zurückfallen durfte. Als dann fast eine Stunde lang geklatscht worden war, hoffte mancher bei sich, tief innen drinnen bei sich, der Genosse Wassili Igorowitsch würde wenigstens einen kleinen Schwächeanfall bekommen und ohnmächtig werden, dann wäre es keine Schande, ihm zu Hilfe zu eilen. Und wie bitte soll man weiterklatschen, wenn man Wiederbelebungsversuche machte?

So ungefähr ab einer Stunde und fünfundvierzig Minuten wurde das Klatschen deutlich leiser. Das rührte aber nicht daher, dass die Hände weniger kräftig zusammengeschlagen wurden, sie waren vielmehr angeschwollen und vom Anschwellen so weich geworden, dass die vorher satten Klatschlaute nur noch gedämpft zu hören waren.

Draußen vor dem Haus des Volkes warteten die Angehörigen. Es war inzwischen bekannt und hatte sich herumgesprochen, was drinnen vor sich ging. Ilona Lermontowa, die Frau des heimischen Chefideologen und Redakteurs, hatte nämlich ihre kleine Tochter Vera hineingeschickt. Vera wusste, wo ihr Vater seinen Platz hatte, nämlich ganz außen gleich bei der mittleren Eingangstür. Sie hatte sich zu ihm geschlichen und ihn am Ärmel gezupft und ihn gefragt, was hier los sei. Ihr Vater hatte sich zu ihr niedergebeugt, ohne mit dem Klatschen aufzuhören, die Hände hielt er nach oben, damit sie im Saal gesehen werden konnten, und hatte ihr erklärt, der Genosse Stalin habe eine Grußbotschaft geschickt, die so wunderbar sei, dass die Hände ganz von allein klatschten. Die um ihn herum hörten das und lächelten und nickten, obwohl sie kaum noch lächeln und nicken konnten, sie wussten, wie gern der Genosse Stalin Kinder hatte, und dachten, das hat Veras Vater, der Chefideologe und Redakteur, sehr schön ausgedrückt – »die Hände haben ganz von allein angefangen zu klatschen«. Aber auch jeder dachte: Wenn sie doch nur auch ganz von allein damit aufhören würden!

Immer mehr Angehörige versammelten sich vor dem Haus des Volkes. Auch Ignat Alexandowitsch Smirnow, der Zwillingsbruder von Antoscha, dem beliebten Kassawart, war dabei, er war gekommen, um seinem Bruder die Tabletten zu bringen, die er unbedingt nehmen musste, weil sonst die Gefahr bestand, dass ihm das Herz stehen blieb. »Es ist ein Notfall«, sagte er und betrat den Saal. Sein Bruder gehörte dem Kader an, er saß vorne auf dem Podium, das heißt, jetzt stand er, klatschte direkt neben dem Bezirksvorsitzenden und hatte einen sehr roten Kopf bereits. Ignat Alexandowitsch, der seinem Bruder zum Verwechseln ähnlich sah, auch noch in ihrem sechzigsten Lebensjahr, dachte bei sich: Ich versuche erst gar nicht, zu schleichen oder unauffällig oder gar heimlich zu tun, sonst wird sicher irgendeiner auf den Gedanken kommen, es sei tatsächlich etwas Heimliches, was ich tue. Denn was tue ich? Ich sorge dafür, dass ein verdienter Genosse weiter seine Gesundheit in den Dienst der Partei stellen kann. – Also ging er festen

Schritts und erhobenen Hauptes zum Podium, schob seinem Bruder, weil der nicht das Klatschen unterbrechen wollte, die Tabletten in den Mund und hielt ihm das Glas mit dem Wasser an die Lippen. Und bekam dafür von links und rechts und auch von unten aus dem Saal Lächeln und Kopfnicken. Schon wollte er sich wieder davonmachen, da trat ein Mann im schwarzen Ledermantel neben ihn und sagte: »Genosse, was ist? Du willst schon wieder gehen? Scheinen dir die Grußworte von Genosse Stalin nicht wert, beklatscht zu werden?« Da blieb Ignat nichts anderes übrig, als sich unten neben die Sitzreihen zu stellen und ebenfalls zu klatschen. Aber er wollte es dem Schwarzen heimzahlen und rief ihm nach: »Und du?«

»Was ist mit mir?«

»Du scheinst lieber Missfallen an uns als Wohlgefallen an Genosse Stalins Grußworten zu haben.«

»Ich rate dir, nicht frech zu sein«, sagte der im schwarzen Ledermantel.

»Und ich rate dir, mit uns mitzuklatschen«, sagte Ignat Alexandowitsch Smirnow, und er sagte es sehr laut, so laut, dass es bis weit in die Mitte des Saales gehört werden konnte, und da wurde das Klatschen deutlich lauter, und der Mann im schwarzen Ledermantel klatschte nun auch mit.

Nach zweieinhalb Stunden brach der Erste zusammen. Es war Innokentij Petrowitsch Michailow, der Lehrer. Er hatte einen Krampf im Rücken bekommen, hatte sich, um ihn zu lösen, vorgebeugt und dabei verrenkt, und da war ihm die Bandscheibe herausgesprungen, und vor Schmerz hatte er das Bewusstsein verloren. Vierzehn Männer trugen ihn aus dem Saal, noch weitere fünf liefen hinterher und bekundeten laut, sie würden sich bei so etwas auskennen. Für einen Augenblick schien es, dass nun das Klatschen beendet war – beendet werden durfte, und sicher wäre es auch so gewesen, wenn nicht ausgerechnet Wassili Igorowitsch mit dem kaputten Daumen seine blaugeschlagenen Hände hoch über den Kopf gehoben und dort, zwar in einem sehr langsamen Rhythmus, aber eben doch, wacker gegeneinander gepatscht hätte, was sich aber nicht nach Klatschen, sondern eher nach feuchten Handtüchern anhörte, die auf einen Waschküchenboden fallen.

Als Nächste sank Jewdokija Orlowna nieder. Und sie war tatsächlich tot. Sie war in der Partei für den Aushub der Fischteiche verantwortlich gewesen, eine zuverlässige Genossin, eine zweifache Witwe, die ihre beiden Männer in der Zeit der großen Säuberung verloren hatte. Das war auch der Grund, warum sich niemand um sie kümmerte. Als Dritter fiel der Schrankenwärter aus, den niemand kannte, der allein in seinem Schrankenhäuschen wohnte und von der Baikal-Amur-Magistrale in das

Komitee entsandt worden war. Er senkte plötzlich die Hände, schüttelte den Kopf und verließ den Saal. Ihm folgte, bis zur Tür weiterklatschend, die klatschenden Hände noch durch den Türspalt in den Saal streckend, der Mann im schwarzen Ledermantel.

Nach drei Stunden rief der Vorsitzende: »Es reicht!« Aber als alle weiterklatschten, lauter sogar, diesmal, um kundzutun, sie seien damit einverstanden, dass es endlich reiche, nahm er das Klatschen wieder auf, weil er dachte, man sei der Meinung, es reiche noch nicht, was die anderen wiederum deuteten als, es gehe doch weiter, »Es reicht!« müsse sich auf etwas anderes bezogen haben.

Die Angehörigen draußen lasen die Kinder von den Gassen auf, sortierten die größeren aus, behielten die Kleinen, die unter fünf Jahre alt waren und von keinem Parteigericht zu irgendeiner Verantwortung gezogen werden konnten, gaben ihnen Tellerchen mit Butterbroten und Becherchen mit Ziegenmilch in die Händchen und schickten sie in den Saal, um die Klatschenden zu versorgen. Einem der Buben wurde ein Nachtgeschirr in die Hand gedrückt, und seine Mutter sagte, wie er es anstelle, das sei seine Sache, er solle sich gefälligst etwas ausdenken, aber etwas, was anständig und unauffällig und für den Betreffenden diskret sei. Nach wenigen Minuten kam er mit dem vollen Topf zurück, goss ihn an den Stamm einer der Pappeln, die vorne neben dem Haus des Volkes wuchsen, und kehrte, ohne eine Schilderung abgegeben zu haben, in den Saal zurück.

Nach vier Stunden senkten sich Nacht und Frieden nieder, nur um das Haus des Volkes war ein Rauschen zu hören. Bis heute weiß niemand, wann das große Klatschen aufgehört hat und wie es beendet worden ist – oder ob es überhaupt aufhörte, ob es überhaupt je beendet wurde.

Was ist verdammenswerter: Jemanden zu unterwerfen oder sich jemandem zu unterwerfen? Bei der moralischen Beurteilung von Machtverhältnissen kritisieren wir in der Regel schnell die Machthaber, diejenigen, die nach der Macht greifen und dann Macht ausüben, vor allem diejenigen, die ihre Macht missbrauchen. Im Grunde ist es mit der Idee, dass der Mensch ein freies Wesen sei, das über sich und sein Leben autonom bestimmen sollte, unvereinbar, dass er gleichzeitig Machtverhältnissen unterliegt, die nichts anders bedeuten können, als sich dem Willen eines anderen zu unterwerfen. Gerne möchten wir deshalb glauben, dass nur mit Gewalt und ihrer Androhung Menschen dazu gebracht werden können, sich einer Herrschaft zu beugen. Demokratie bedeutet nicht zuletzt auch, Machtverhältnisse zeitlich und räumlich zu begrenzen und durch einen institutionalisierten Machtwechsel dafür zu sorgen, dass die Bäume der Macht nicht in den Himmel wachsen.

Seltener, viel seltener wird kritisch darüber nachgedacht, ob es auch Formen der Unterwerfung, der Unterwürfigkeit geben könne, die sich weniger der Androhung von Gewalt als einem Hang des Menschen zur freiwilligen Aufgabe seiner Freiheit verdanken. Sich in Abhängigkeit zu begeben bedeutet nämlich nicht nur, auf Freiheit zu verzichten, sondern auch, sich von Freiheit zu entlasten. Der jung verstorbene französische Philosoph Étienne de La Boëtie, ein Freund des großen Michel de Montaigne, hat einen wunderbaren Essay über die *freiwillige Knechtschaft* des Menschen geschrieben und darin festgehalten, dass die Herrschaft der Herrschenden nur so lange aufrechterhalten werden kann, solange sie mit der Zustimmung der Unterworfenen rechnen darf. Unterwerfung hat so immer zwei Seiten: das Machtstreben und die Machtgier der einen; und die Bereitschaft der anderen, sich selbst zu unterwerfen und aufzugehen, sei es in dem Willen eines Mächtigen, sei es in einem anonymen Gefüge von Beziehungen, die es mitunter gar nicht mehr so einfach erlauben festzustellen, wo die Macht nun eigentlich wohnt.

Es war einmal ein Parteitag: So begannen früher die

Märchen. Heute beginnt so ein Kapitel aus der Geschichte des Totalitarismus. Wenn aktuell politische Unrechtssysteme thematisiert werden, denken wir meistens an den Nationalsozialismus als Inbegriff und schrecklichste Ausprägung eines totalitären Systems. Den Stalinismus und die Verbrechen dieses Regimes haben wir aus unserem politischen Bewusstsein weitgehend ausgeblendet. Die Geschichte vom großen Klatschen bringt uns wesentliche Züge und Perversionen dieses Systems, das angeblich das kommunistische Paradies auf Erden errichten wollte, wieder ins Gedächtnis. Gleichzeitig verdeutlicht diese Erzählung zentrale Mechanismen kollektiver Unterwerfungsbereitschaft, die auch unter gesellschaftlichen Bedingungen Gültigkeit haben, die weit entfernt scheinen von der historisch kontingenten und überholten Form des Stalinismus.

Es war einmal ein Parteitag. »Partei! Partei! Wer sollte sie nicht nehmen, / Die noch die Mutter aller Siege war?« – So dichtete Georg Herwegh am Vorabend der Märzrevolutionen des Jahres 1848, und fast hundert Jahre später wiederholte Bertolt Brecht, durchaus mit bewunderndem Blick auf Stalin und die KPdSU, dieses »Lob der Partei«: »Der Einzelne hat zwei Augen / Die Partei hat tausend Augen.« Was als Euphemismus und Verklärung gemeint war, entsprach allerdings nur der Wahrheit. Es waren die tausend Augen der Partei, die dafür sorgten, dass permanent alle Menschen unter Beobachtung standen und sich so den Vorgaben des Regimes entsprechend verhielten. Tausend Augen: Das bedeutet aber auch, dass es den einen großen Beobachter, die allwissende Zentrale der Macht, *Big Brother*, auch in totalitären Systemen nie gab, sondern dass die Menschen selbst jene Beobachter waren, die sich und andere diesen Augen der Partei auslieferten.

Davon erzählt *Das große Klatschen*. Absurd schon, die Grußadresse eines Abwesenden ausführlich zu beklatschen. Hätte man das aber nicht getan oder es bei einem Höflichkeitsapplaus bewenden lassen – einer der Anwesenden hätte es sicher gemeldet, mit unabsehbaren Folgen. Also wird geklatscht. Und plötzlich bekommt dieser Applaus eine ganz neue Bedeutung und Richtung. Es wird nicht, wie üblich, damit eine Zustimmung und Anerkennung für eine Leistung, eine Botschaft, eine Rede, eine Darbietung zum Ausdruck gebracht, sondern das Klatschen der Hände wird zum Zeichen und Maßstab für die richtige politische Gesinnung, für die Übereinstimmung mit den Zielen und Vorgaben der Partei, für die Stellung des einzelnen Parteimitglieds zum Ganzen. Das Klatschen wird zu einer Geste, die über ein Schicksal entscheidet. Nicht zu klatschen bedeutet in dieser Situation, seine Zustimmung zu verweigern, die Partei und ihren Generalsekretär zu kritisieren und damit das

Projekt des Sozialismus, womöglich im Dienst ausländischer und feindlicher Mächte, zu unterminieren. Wer als Erster mit dem Klatschen aufhört, hat alles verloren. Er wird sich nicht mehr rechtfertigen können, den Verdacht, damit subversives und konterrevolutionäres Denken verraten zu haben, nicht entkräften können. Die Körper der Parteitagsdelegierten sind in dieser Situation mehrfach gespalten. Die Hände klatschen, die Augen belauern alle anderen und beobachten deren Klatschen, die physischen Funktionen melden ihre Bedürfnisse an.

In diesem grotesken Bild bündeln sich die Konturen der Unterwerfung. Sie machen den Menschen nicht nur zur Funktion eines fremden Willens, sie rauben ihm seine Würde, gerade dann, wenn diese Unterwerfung nicht durch die offene Androhung der Gewalt erzwungen, sondern durch eine innere Zustimmung hergestellt wird. Das Erhabene einer revolutionären Bewegung kippt in dieser Szene ins Lächerliche besinnungsloser Unterwürfigkeit. Schon Immanuel Kant waren Menschen, die sich freiwillig unterwerfen, ihr Knie vor falschen Göttern beugen, verächtlich erschienen. Jeder Chor von Jasagern, ob in einem Gebäude, einem Zelt oder einem virtuellen Raum, der gleichzeitig ängstlich darauf bedacht ist, in seinem Jasagen beobachtet und bestätigt zu werden, wird zu einer Karikatur des Menschen. Das lindert nicht individuelle Nöte, die unsere Erzählung anschaulich zu beschreiben weiß. Nur Mensch zu sein und menschliche, allzumenschliche Bedürfnisse zu haben kann unter bestimmten politischen Umständen allerdings einem Todesurteil gleichkommen. Auch das wäre ein Maßstab für die Inhumanität von Gesellschaftsordnungen.

Hannah Arendt hat totalitäre Systeme von Diktaturen einmal dahingehend unterschieden, dass sich im Totalitarismus die Machthaber auf die Komplizenschaft der Unterworfenen verlassen können. Ausgenommen sind nur jene Gruppen, die als Feinde des Volkes oder des Staates oder der Partei deklariert werden – wie die Juden im »Dritten Reich« oder die Kulaken in der frühen Sowjetunion. Die Macht beruhte auf einer Zustimmung, die dafür sorgte, dass die Unterworfenen sich gegenseitig in Schach hielten. Jeder konnte ein Denunziant sein, jeder konnte denunziert werden. Ein falsches Wort, ein falscher Blick, eine falsche Begegnung – und alles konnte zusammenbrechen. Der Stalinismus hat dieses System perfektioniert. Das zeichnet vielleicht den Stalinismus vor allen anderen Formen totalitärer Herrschaft aus: Unter Stalin war niemand, auch nicht der engste Vertraute, der verdienstvollste Revolutionär, der integerste Parteigenosse, der fleißigste Arbeiter, der tapferste General, der treueste Künstler, der anschmiegsamste Intellektuelle davor gefeit, Opfer einer Denunziation zu werden.

Die Angst davor konnte nur kompensiert werden durch den Versuch, den anderen zuvorzukommen. So stabilisiert sich ein System der Unterdrückung und Unterwerfung von selbst, die bedrohlichen Männer in schwarzen Mänteln und mit Maschinenpistolen im Arm müssen da nur noch ganz selten auftreten.

Das eigentliche Geheimnis der Unterwerfung besteht in diesem Gleichklang. Alle klatschen, und keiner kann damit aufhören, ohne aus der Reihe zu tanzen. Und da das erlösende Signal von oben, dass es nun reicht mit dem Klatschen, selbst beklatscht werden muss, hat dieses Klatschen tatsächlich kein Ende. Das Klatschen dieser Geschichte kann als Symbol für alle Versuche gelten, menschliches Denken und Handeln zu synchronisieren. Alle machen das Gleiche, und wenn dieses das Gute ist, ist auch alles gut. Es wundert wenig, dass China, das letzte zumindest formell noch kommunistische Großreich dieser Erde, die Zeichen der Zeit erkannt hat, und das uniforme Klatschen auf den Parteitagen der KPCh mittlerweile durch ein digitales Sozialkreditsystem ergänzt, das dieses Prinzip von Gleichklang durch Beobachtung und Denunziation zu einer alltäglichen Verrichtung macht. Jede Abweichung von einer Norm wird von digitalen und nichtdigitalen Assistenten beobachtet, gemeldet, gemessen, bewertet und mit fein abgestuften Sanktionen versehen. Man muss im Alltag nicht alles, was die Partei verkündet, akklamieren. Aber man muss die Apps der Partei auf seinem Mobiltelefon installiert haben. Das Klatschen wird dem technischen Fortschritt angepasst. Auch die Unterwerfung wird auf diese Weise »smart«.

Es war einmal ein Parteitag. Was wie ein Märchen beginnt, ist keines. Das große Klatschen hat wirklich stattgefunden, es muss eine gespenstische Szene im stalinistischen Russland gewesen sein. Alexander Solschenizyn berichtet in seinem epochalen Werk *Der Archipel Gulag* von einer Bezirksparteikonferenz im Jahre 1937, bei der nach der Erwähnung des Namens Stalin ein Klatschen eingesetzt hat, das nicht und nicht aufhören wollte. Stehend wird applaudiert, minutenlang, alle machen mit, alle beäugen einander misstrauisch. Endlich setzt der Direktor einer Papierfabrik, der sich für mächtig hält, dem Spuk ein Ende, indem er sich in seinen Sessel fallen lässt und mit dem Klatschen aufhört. Erleichtert setzen sich alle anderen auch nieder, es kann zur Tagesordnung übergegangen werden. Noch in derselben Nacht wird der Direktor verhaftet und zu zehn Jahren Zuchthaus verurteilt. Der Untersuchungsrichter gibt ihm eine Mahnung mit auf dem Weg ins Gefängnis: Hören Sie nie als Erster mit dem Klatschen auf.

Unsere Erzählung hat diese Mahnung aufgegriffen. Wo immer sich Menschen unterwerfen, wird geklatscht, wo sie einem politischen Programm oder Führer besinnungslos applaudieren, haben sie sich aufgegeben, wo die Verweigerung von Zustimmung als bedenklich, wenn nicht gar als Verbrechen gilt, hat die Freiheit schon verloren. Oh ja, wir können die abschließende Frage der Erzählung sehr wohl beantworten: Wir haben mit dem Klatschen noch immer nicht aufgehört, manchmal hat man sogar den Eindruck, dass wir erst jetzt so richtig damit beginnen.

MISSTRAUEN

Das weiße Hemd

In der Nähe von St. Veit steht die Ruine Taggenbrunn. Dort lebten vor vielen Jahren Ritter Heinrich und seine junge Frau. Und dann kam es, dass alle ins Morgenland ziehen wollten – die Kreuzzüge. Und jeder Ritter, der etwas auf sich hielt, der musste mit. So auch Heinrich.

Er verabschiedete sich von seiner Frau mit Küssen und Umarmungen, und sie sagte: »Heinrich, Lieber, du wirst vielleicht sehr lange dort bleiben, und ich habe gehört, die Frauen im Morgenland sind besonders schön. So schön, dass sich die Männer nicht mit einer Frau begnügen, sie wollen mehrere haben, und sie haben mehrere. Vielleicht ist das ansteckend, und du willst auch mehrere Frauen haben und nicht mehr mich als einzige, und wenn du mehrere Frauen hast, dann willst du nicht mehr zu mir zurück.«

Heinrich sagte: »Nein, Frau, meine Liebe, das werde ich nicht wollen. Ich verspreche dir, ich werde dich nicht betrügen. Viele Frauen will ich nicht.«

Und sie antwortete: »Wenn du mir das versprichst, dann glaub ich dir.«

»Aber, Frau, meine Liebe«, fiel ihm nun ein, »ich werde wahrscheinlich wirklich lange wegbleiben. Du bist allein und bist eine schöne, junge Frau. Vielleicht kommt ein Mann, und du wirst mich mit ihm betrügen! Du lässt ihn in der Nacht herein, und er geht am Morgen, bevor es hell wird. Niemand wird ihn sehen, niemand wird es wissen.«

Und sie sagte, wie er gesagt hatte: »Ich verspreche dir, dass ich dich nicht betrügen werde.«

Aber da bohrte es bereits in ihm. »Schon, schon, Frau, meine Liebe, nur gibt es dafür auch einen Beweis? Niemand wird es sehen, niemand wird es wissen.«

Und sie: »Du hast es versprochen, ich hab es geglaubt. Ich habe es versprochen, glaub du mir doch auch.« Aber sie sah, dass die Eifersucht in ihm zu kratzen begann. Darum bat sie: »Gib mir einen Tag Zeit. Dann kriegst du den Beweis.«

Nach einem Tag brachte sie ihm ein weißes Hemd, weiß wie das Blütenblatt einer Lilie. »Ich habe dieses Hemd genäht und bei jedem Stich habe ich zu den Näherinnen im Himmel gebetet. Zieh es an und zieh es nicht mehr aus! Es wird rein bleiben, bis zu dem Tag, an dem du zurückkommst. Und dass es rein bleibt, das soll dir der Beweis sein, dass ich dich nicht betrüge.«

So zog Heinrich in den Orient und schlug sich mit den Morgenländern. Er wurde verletzt und wurde gefangen genommen. Aber auch im Getümmel der Schlacht, mitten im Blutgemetzel, war sein Hemd rein geblieben. Nun wurde er der Sklave des Sultans. Und der Sultan spannte ihn ins Joch, er musste wie ein Ochs den Pflug ziehen und wie der letzte Knecht den Stall ausmisten. Und er fiel in den Dreck, stand auf und fiel wieder in den Dreck. Aber sein Hemd blieb rein.

Und das wurde dem Sultan bekannt gegeben. Der Sultan rief Heinrich, den Sklaven, sagte: »Ich habe gehört, du hast ein Hemd, das bleibt immer weiß? Das soll ein Wunderhemd sein. Was ist die Geschichte?«

Und Heinrich sagte: »Die Geschichte ist die: Meine Frau hat dieses Hemd genäht. Und sie hat mir versprochen, mir treu zu bleiben. Und solange dieses Hemd weiß ist, weiß ich, dass sie mir treu ist.«

Ach, der Sultan hatte ein Faible für romantische Geschichten. Aber er hatte auch ein Faible, romantische Geschichten zu testen. Er rief einen jungen Türken zu sich, schön, gebildet, herzenswarm. Und befahl ihm: »Mach dich auf den Weg nach Kärnten! Das ist ein Land oben im Norden. Dort gibt es ein Schloss, Taggenbrunn wird es genannt, dort lebt eine Frau. Verführe sie!«

Das hat der junge Türke nicht gern getan, er hatte ein gutes Herz und sollte das gute Herz dieser Frau brechen. Aber der Sultan wollte die romantische Geschichte testen, und er hatte einen finsteren Blick, und sein Scharfrichter hatte ein scharfes Schwert.

So wanderte der junge Türke los und kam nach Taggenbrunn, sah die schöne Frau und verliebte sich in sie. Was nicht der Plan war. Und sie, ja, sie verliebte sich auch. Aber sie hielt ihr Versprechen. Und da konnte der junge Türke nicht anders, er schüttete sein Herz aus und gestand ihr alles. Das machte, dass sie sich noch ein bisschen mehr in ihn verliebte. Aber weil sie ja sah, dass sich der junge Türke gerade wegen ihrer Treue und Tugend in sie verliebt hatte, konnte sie ihm ihre Liebe erst recht nicht zeigen, und das machte, dass sich der junge Türke ebenfalls noch mehr in sie verliebte. Und so weiter, bis sie beide zitterten vor Leidenschaft und Begehren. Und hätte er nur eine Stunde noch in diese Augen geschaut, und hätte sie nur eine Stunde noch in diese Augen geschaut …

»Ich muss wieder gehen«, sagte er.

»Ja, du musst gehen«, sagte sie.

Keine größere Sehnsucht war in ihr, als an der Seite dieses jungen Türken zu sein. Und ihr Gewissen hämmerte auf ihr Herz, als wär das Herz ein Amboss und das Gewissen der Hammer. Und in der Nacht diskutierte sie mit ihrem Gewissen. Sie sagte: Oh, wie glücklich bin ich, weil ich nun weiß, dass mein Mann mich liebt! Oh, wie unglücklich bin ich, weil ich nun weiß, dass er gefangen ist! Ist es nicht meine Pflicht, alles zu unternehmen, damit mein Mann frei wird? Ja, es ist meine

Pflicht. – Bis zum Morgengrauen diskutierte sie. Da war das Gewissen müde und stimmte ihr zu, dass sie ins Morgenland reisen sollte, um ihrem Mann beizustehen.

Sie verkleidete sich als Bettelmönch. Nahm die Laute mit und fuhr mit der Kutsche dem jungen Türken nach und überholte ihn und stieg aus und wartete an einer Wegkreuzung auf ihn. Und sagte: »Ach, wohin des Weges?«

Und er sagte: »Ich ziehe ins Morgenland.«

»Ach, dorthin will ich auch. Stört es dich, wenn ich dich begleite?«

»Nein«, sagte er, »ist lustiger zu zweit.« Dieser junge Bettelmönch war ihm sympathisch, wirklich sehr sympathisch.

So waren sie beieinander Tag und Nacht, gingen nebeneinander, schliefen nebeneinander. Und trafen miteinander im Morgenland ein. Und dort stellte sich die Frau, also der Bettelmönch, auf den Platz vor den Palast des Sultans, spielte die Laute und sang dazu. Und sie hatte eine wunderbare Stimme. Und die Leute versammelten sich, um diese Stimme zu hören. Und man meldete dem Sultan, dem Romantiker, da gibt es einen jungen Bettelmönch aus dem Abendland, der singt so schön, dass die Vögel zu ihm in die Lehre gehen.

Der Sultan hatte ein Faible für schönen Gesang, und

er ließ diesen Bettelmönch zu sich kommen und sagte: »Sing mir etwas vor!«

Und sie spielte auf der Laute und sang, und der Sultan war hingerissen, und er sagte: »Noch ein Lied, bitte! Und gleich noch eines! Und wenn du ein drittes Lied für mich singst, dann darfst du dir wünschen, was du willst. Ich werde dir jeden Wunsch erfüllen.«

Sie sang ein zweites und sang ein drittes und dann noch ein viertes, ihr schönstes Lied. Der Sultan brach in Tränen aus.

Sie sagte: »Ich wünsche mir einen deiner Diener. Denn ich möchte wieder nach Hause gehen, und er soll mich begleiten. Der Weg ist gefährlich, und ich will nicht von Räubern erschlagen werden.«

Der Sultan rief die ganze Dienerschaft herbei, Aufstellung der Größe nach: »Welchen du willst! Such dir einen aus!«

Sie aber erkannte ihren Heinrich an dem weißen Hemd. »Den da will ich«, sagte sie.

»Ausgerechnet den?«

»Ausgerechnet den.«

Na gut, der Sultan hatte es versprochen.

Und so machte sie sich, immer noch verkleidet als Bettelmönch, auf den Weg nach Hause, nach Kärnten. Gemeinsam mit ihrem Heinrich.

Heinrich glaubte, sie sei ein junger Bettelmönch, und

er erzählte diesem Bettelmönch alles, was er erlebt hatte. Er erzählte von den Frauen, wie schön die im Morgenland sind und dass manche Männer mehrere haben. Aber dass er mit keiner Frau etwas angefangen habe, denn er habe es seiner Frau versprochen. Darüber wunderte sie sich nicht, denn sie hatte ihrem Heinrich ja geglaubt.

Und dann kamen sie nach Kärnten, und da sagte sie: »Hier trennen sich unsere Wege. Ich muss in mein Kloster zurück.«

Und er sagte: »Aber du hast mir das Leben gerettet, ich will dich überhäufen mit Reichtümern.«

»Nein, ich bin ein Bettelmönch, ich darf keine Reichtümer anhäufen. Aber wenn du mir unbedingt etwas schenken willst, dann gib mir ein Stück von deinem weißen Hemd. Nicht größer als meine Handfläche.«

Heinrich schnitt ein Stück aus dem weißen Hemd und gab es ihr. Und dann verabschiedeten sie sich. Sie aber nahm wieder eine Kutsche, überholte ihn heimlich und war im Schloss, noch ehe er es erreichte.

Das Wiedersehen! Die beiden fielen sich in die Arme, küssten und weinten. Heinrich dachte bei sich: Ist doch gut, einen Beweis am Leib zu haben, dass sie mich nicht betrogen hat. Dann dachte er sich: Aber es wäre noch besser, wenn zu diesem Beweis noch ein zweiter Beweis, ein Anwalt des ersten Beweises sozusagen, dazukäme.

Er hörte sich um.

Fragte die Leute: »Wisst ihr etwas über meine Frau?« Die Leute sagten: »Ja, die war lange weg. Sehr lange weg. Erst knapp bevor Ihr gekommen seid, ist sie gekommen!«

Da schoss die Eifersucht in ihm hoch. Und er rief seine Frau zu sich und schrie sie an: »Hör zu! Ich habe erfahren, du warst lange Zeit weg. Wo warst du? Was hast du getrieben?«

»Ich möchte auf diese Frage nicht antworten«, sagte sie.

»Oh doch«, fuhr er auf, »du wirst sie mir beantworten müssen! Hier! Siehst du, hier habe ich ein Stück aus meinem Hemd herausgeschnitten.« Er riss sie an den Haaren. »Schau es dir an! Und warum, denkst du, habe ich das getan?« Er drückte ihren Nacken nieder. »Ich will es dir sagen. Da war ein Fleck, ein hässlicher, dunkler Fleck!«

Sie weinte, sagte, er tue ihr weh, er solle sie bitte loslassen. Da ließ er sie los. Sie lief in ihr Zimmer. Und er schlug gegen die Tür. Sie öffnete nicht. Da trat er die Tür ein.

Aber da saß nicht sie, sondern der junge Bettelmönch saß da, die Laute im Arm.

»Ahhh«, schrie Heinrich, »doppelt betrogen also! Mit dir hat sie es also getrieben?«

Er riss dem Mönch die Laute aus der Hand und wollte ihn damit erschlagen. Der Mönch zog die Kapuze vom Kopf, und Heinrich sah, es war seine Frau. Er sah, dass sie es gewesen war, die ihm das Leben gerettet hatte.

»Ich habe dir versprochen, immer bei dir zu bleiben«, sagte sie und wies ihm das weiße Stück Stoff vor, das er aus seinem Hemd geschnitten hatte als Lohn für seine Befreiung. »Ich habe dir versprochen, dich nie zu betrügen. Das werde ich halten. Aber ich werde bis ans Ende meines Lebens kein Wort mehr mit dir sprechen.«

Und so war es. Und so blieb es.

∞ ∞ ∞

Vertrauen ist gut, Kontrolle ist besser. Dieses Wladimir Iljitsch Lenin, dem Gründer der UdSSR, zugeschriebene Wort ist auch in liberalen Gesellschaften längst zu einer anerkannten Maxime geworden. Die ständigen Evaluierungen, Kontrollen, Bewertungen und Feedback-Schleifen, mit denen ein Mensch in modernen Zeiten umgeben ist, gleichgültig, ob er als Lehrer, Angestellter, Unternehmer, Wissenschaftler oder Arzt arbeitet, können auch als Anzeichen einer Kultur des Misstrauens gedeutet werden, in der wir es uns schon ziemlich häuslich eingerichtet haben. Ständig werden wir aufgefordert, anderen Menschen zu misstrauen und durch Passwörter und Überwachungssysteme unser Heim, unser Konto, unsere Accounts, unsere Kontakte, unsere Daten zu schützen. Was immer von uns in andere Hände gerät, wird missbraucht werden.

Trauen kann man ohnehin niemandem mehr. Auch im privaten Umfeld bedient eine moderne Technik unsere Kultivierung des Misstrauens. Handy-Ortung und Standortbestimmungen ermöglichen es uns, jederzeit zu wissen, wo sich Partner oder Kinder gerade aufhalten, das Kommunikationsverhalten unserer Freunde ist in den sozialen Netzwerken einsichtig, und wenn unser Liebespartner uns den Einblick in seinen privaten Nachrichtenverkehr verweigert, macht er sich in hohem Maße verdächtig.

Das Misstrauen macht aber auch vor uns selbst nicht halt. Wir wissen um unsere Schwächen und dass wir weder unserem Körper noch unserem Geist trauen dürfen. Dankenswerterweise geben uns smarte Uhren, denen wir die Überwachung unserer physischen Funktionen anvertrauen, Auskunft über unseren Herzschlag und Schlafrhythmus, und der digitale Buchhändler unseres Vertrauens sorgt verlässlich dafür, dass nichts Falsches in unsere Hände gerät. Es wäre auch zu fatal, würden wir uns bei Gedanken ertappen, die wir gar nicht denken dürfen.

Wie immer man es dreht und wendet: Das Misstrauen

hat bei uns kaum noch etwas Verdammenswertes an sich, eher ist es zu einer neuen Tugend mutiert. Nur alte Geschichten können uns einen Eindruck davon geben, was es einmal bedeutet hat, jemandem zu vertrauen und dieses Vertrauen durch Misstrauen zu erschüttern. Die Erinnerung daran, dass Misstrauen einmal zu den verdammenswerten Einstellungen des Menschen gehörte, kann uns vielleicht auch darauf aufmerksam machen, was wir verloren haben, als wir uns den Segnungen der Kontrollgesellschaft überließen. Gleichzeitig zeigt uns diese Geschichte aber auch, wie die Logik des Misstrauens funktioniert, wie sich diese in das Beziehungsgeflecht von Menschen einfrisst.

In den alten Sagen und Legenden sind die Rollen noch klar verteilt – zumindest scheint es so zu sein. Ein Mann begibt sich auf eine längere Geschäftsreise, die Frau bleibt zu Hause. Die Verlockungen bei Geschäftsreisen, bei denen es darum geht, neue Märkte zu erkunden und zu erobern, sind vielfältig, aber auch wer allein zu Hause sitzt, könnte aus Langeweile auf die eine oder andere ablenkende Idee kommen. Also versichern sich die Eheleute wechselseitig ihrer Treue. Der Frau – und auch hier sind die Rollen noch traditionell bestimmt – genügt das Wort des Mannes; dieser aber ist schon vom Keim des Misstrauens befallen, er verlangt einen Beweis. Wie aber im Mittelalter über einen längeren Zeitraum und über eine große Distanz ohne Handy-Überwachung und Videobegleitung solch einen Treuebeweis liefern? Durch einen Zauber! Das Hemd, das so lange rein bleiben wird, solange die Frau ihrem Mann die Treue hält, stellt für den Mann eine konkurrenzlose Versicherung dar, und der ständige Anblick dieser Reinheit mag auch ihn davor bewahren, den Verlockungen der Fremde und der Fremden nachzugeben.

Manche Geschäftsreisen führen nicht zum gewünschten Erfolg. Das war bei den Kreuzzügen nicht anders. Der Ritter erliegt nicht erotischen Verführungen, sondern der stärkeren Hand des Feindes. Anders als Parsifal, Richard Wagners reiner Tor, muss er gar keinen lasziven Blumenmädchen heroisch widerstehen, um sich und der Welt seine Treue zu beweisen, sondern die Gefangenschaft stellt ihn vor ganz andere Probleme. Dass die Nachricht von seinem immer reinen Hemd bis zum Sultan, seinem Herrn, dringt, gibt der Geschichte die entscheidende Wende. Der Sultan, wie romantisch gestimmt auch immer, verlangt das, was den destruktiven Kern aller Beziehungsdramen ausmacht: einen Treuebeweis. Oder anders formuliert: Das saubere Hemd ist das sichtbare *Zeichen* für die Treue der Frau. Der Sultan möchte aber anstelle des Zeichens die *Wirklichkeit*, also einen leibhaftigen Beweis dieser Treue. Noch lieber wäre es ihm, dem die Reinheit dieser Frau ein Dorn im Auge sein muss, gehört sie doch zu seinen Feinden, wenn es dem dafür ausgewählten jungen, schönen und gebildeten Mann gelingen könnte, diese Frau zu verführen. Zwar wäre dann der Sultan auch nur auf den Bericht des jungen Türken angewiesen, aber er wird ihm glauben, zumal in diesem Moment das weiße Linnen beschmutzt sein würde.

Der Sultan spielt ein altes Spiel, und er hat aus seiner Perspektive richtig überlegt. Es gibt niemanden, der nicht verführbar wäre. Noch Wolfgang Amadeus Mozarts Oper *Così fan tutte* wird von dieser wenig erbaulichen Einsicht zehren, auch wenn es dort ein Philosoph sein wird, der die Verführbarkeit aller Frauen behauptet und durch ein gewagtes Experiment demonstriert. In unserer Geschichte unterliegt die Frau fast der Faszination des jungen Fremden. Und dies nicht deshalb, weil er der perfekte, diabolische Verführer wäre, sondern weil er sich in sein Opfer verliebt und alles gesteht. Nicht das Raffinement, sondern die Ehrlichkeit des jungen Türken lässt die Frau beinahe schwach werden – aber eben nur beinahe. Der Verwirrtheit ihrer Gefühle wird sie genau in jenem Moment gewahr, in dem sie erfährt, dass der Ritter ihr treu geblieben war und nun in der Gefangenschaft schmachten muss.

Diese bemerkenswerte Frau, die diese Geschichte schon früh vorantreibt, muss aber einen inneren Kampf führen, um sich endlich zu entschließen, aufzubrechen und die Befreiung ihres Gatten zu versuchen. Dieses Zögern mag noch der Überlegung geschuldet sein, dass eine einzelne Frau in dieser rauen Welt wohl wenig bewirken kann. Ihre Verkleidung als Mann, als Bettelmönch, mag einer ähnlichen strategischen Überlegung gehorchen. Dass sie sich aber dem jungen Türken, ihrem Objekt einer verbotenen Begierde, anschließt, geschah sicher nicht nur, um sich in der Obhut eines kundigen Führers zu wissen. Sie kam auf diese Art in seine Nähe und bewahrte doch die notwendige Distanz. Das wird ihr nicht leichtgefallen sein.

Ritter Heinrich wird durch seine mutige Frau tatsächlich befreit. Dass sich der Sultan durch den Gesang eines Bettelmönchs – immerhin gehört auch der zu seinen Feinden – betören ließ, unterstreicht nicht nur dessen Hang zur Romantik, wie uns unser Erzähler augenzwinkernd weismachen will. Die ganze Geschichte atmet die Atmosphäre einer politischen Konstellation, die erstaunlich viel Verständnis und Toleranz zwischen den verfeindeten und rivalisierenden Großreligionen und Kulturen dokumentiert. Das mag schon zur Entstehungszeit dieser Sage Wunschdenken gewesen sein, aber vor diesem zeichnet sich die Tragödie des Misstrauens, die nun zwischen dem christlichen Ritter und seiner Frau ihren Lauf nehmen wird, umso schärfer ab.

War nur Ritter Heinrich misstrauisch? Müssen wir uns nicht auch Gedanken machen über das Verhalten seiner Frau? Warum hat sie sich nach der geglückten Befreiung und dem Wiedersehen in der heimischen Burg nicht als Retterin offenbart? Warum hat sie sich ein Stück aus dem Hemd der Reinheit schneiden lassen? Hat sie geahnt, dass ihr Mann ihr nicht trauen, dass das weiße Linnen als Beweis ihrer Treue nicht ausreichen würde? Rechnete sie damit, dass er Erkundigungen einziehen und sich in seinem Misstrauen durch die Erzählungen der Menschen bestätigt fühlen würde? Und warum erklärt sie ihm nicht, dass sie so lange weg war, weil sie ausgezogen war, um ihn zu retten? Wollte sie sein Misstrauen provozieren, um ihrerseits nun einen Grund dafür zu haben, sich von ihm zu distanzieren, um zumindest in ihrem Herzen dem jungen Türken anzugehören?

Das Misstrauen des einen ist immer auch eine Waffe in den Händen des anderen. Misstrauen, und das weiß die Frau des Ritters, das einmal aufkeimt, lässt sich nur schwer beruhigen. Wer misstrauen will, findet überall Indizien, die dieses Misstrauen stärken und bestätigen. Nichts ist so leicht zu schüren wie Misstrauen, und nichts kann so leicht dem anderen dann zum Vorwurf gemacht werden: Wenn du mir nicht traust, hat ja alles keinen Sinn mehr! Aber schon die Unvollkommenheit der Menschen ist stets Grund für ein mögliches Misstrauen. Und ganz falsch lag Ritter Heinrich mit seinem Misstrauen ja auch nicht, seine Frau hatte die Süße der Untreue zumindest als Möglichkeit erahnt und erfahren. Aber das, was zwischen ihr und dem jungen Türken gelungen war, eine aus dem Begehren geborene Ehrlichkeit, die es erlaubte, sich diesem Begehren zu verschließen, ist ihr bei ihrem Mann nicht mehr möglich. Sie kann ihm gegenüber nicht mehr offen sein. Sein Misstrauen zerstört die Kommunikation und damit die Beziehung. Aber sie hat dieses Misstrauen auch ein wenig provoziert. So ganz ungelegen kommt ihr dieser Bruch nicht, zumal sein Misstrauen ihn ins Unrecht und sie ins Recht setzt. Sie war treu und wird treu bleiben. Aber sie bricht konsequent jede Kommunikation ab. Diese ist ohnehin unmöglich geworden, und anstatt sich in ritualisierten Floskeln zu unterhalten, will sie mit ihrem Mann überhaupt nicht mehr sprechen. Wir können davon ausgehen, dass diese Verweigerung auch die Kommunikation der Körper umfassen wird.

Doch ja, es gibt Formen des Misstrauens, die wir verdammen sollten. Wer bei der Einforderung von Treue- und Vertrauensbeweisen zu weit geht, wird immer enttäuscht werden und das zerstören, was durch diese Beweise doch gesichert werden sollte. Das gehört wesentlich zur Logik des Misstrauens: Es ist kontraproduktiv. Wer kontrolliert, hat den Kontrollierten schon verloren, auch wenn er formell noch zugehörig erscheint. Zum Vertrauen gehört es zu wissen, dass dieses Vertrauen in den Unabwägbarkeiten der menschlichen Seele eine Grenze finden kann. Jedes Vertrauen kann auch enttäuscht werden. Und doch kann es besser sein, diese Grenze nicht ständig auszuloten. Vielleicht hätte Ritter Heinrich respektieren sollen, dass seine Frau ein Geheimnis mit sich trägt. Vielleicht hätte die Frau darauf verzichten können, auf dieses Geheimnis demonstrativ zu verweisen. Aber wahrscheinlich hat sie gewusst, dass die Wahrheit einen Misstrauischen nicht beruhigt, sondern nur noch mehr aufregt. Die Geschichte mit dem jungen Türken hätte den Ritter, gerade weil nichts passiert ist, zur Weißglut getrieben. Und dass ihr Mann, für dessen Befreiung sie ihr Leben riskiert hat, in der kleinlichen Logik des Misstrauens gefangen bleibt, macht es der Frau unmöglich, diesen Ritter länger zu lieben.

Eine alte Geschichte. Und dennoch erlaubt sie uns, einige Einsichten in jene Kultur des Misstrauens zu gewinnen, in der wir leben. All den Wohlmeinenden, die uns, getragen von diesem Misstrauen, mit Kontrollen, Nachfragen und Prüfungen überziehen, werden wir kaum je mit Zuneigung begegnen können. Und was bedeutet eine Gesellschaft, in der ständig alle Türen offen stehen müssen, da hinter geschlossenen Türen ja etwas Unrechtmäßiges geschehen könnte? Was bedeutet eine Gesellschaft, in der man niemandem mehr zutraut, ohne Überwachung das Richtige und Angemessene zu tun? Was bedeutet eine Gesellschaft, in der prinzipiell davon ausgegangen wird, dass Menschen alles, was ihnen anvertraut wird, missbrauchen werden, was die Etablierung umfassender digitaler Kontrollsysteme notwendig macht? Eine solche Gesellschaft wird zwar in einem sozialtechnischen Sinn funktionieren; ob es aber eine lebenswerte und humane Gesellschaft sein wird, bleibe einmal dahingestellt. Vielleicht war es falsch, zumindest bedenklich, dass wir das Misstrauen aus dem Katalog der verdammenswerten Güter gestrichen haben.

KRÄNKUNG

Die Liebe des Achill

Der tapferste und gefährlichste Krieger vor Troja war ohne Zweifel der Sohn des Peleus und der Göttin Thetis, Achill. Aber er war nur einer unter vielen Heerführern; der Oberkommandierende war Agamemnon, der König von Mykene. Die beiden konnten einander nicht leiden. Einer war neidisch auf den anderen. Einer missgönnte dem anderen Ansehen und Rang. Agamemnon wusste, ohne Achill würde der Krieg nicht zu gewinnen sein, das hatte der Seher Kalchas prophezeit, so hatten es die Götter beschlossen. Achill wusste, nur die Autorität Agamemnons hielt die Heere zusammen, ohne ihn würden die verschiedenen Führer nur ihre eigenen Interessen bedienen. Und Agamemnon wusste, Achill und seine Männer, die Myrmidonen, waren in ihrer Kampfkraft und Disziplin Vorbild für alle anderen Griechen in diesem Krieg; ohne Achills Elitetruppe würde die Moral der Soldaten sinken; nicht nur einmal war nach dem Sinn des Ganzen gefragt worden, nach zehn Jahren erfolgloser Belagerung der Stadt musste mit Meuterei gerechnet werden. Einer brauchte also den anderen. Aber sie konnten einander auf den Tod nicht leiden, Agamemnon und Achill.

Achill hatte sich Briseis als Beute genommen. Sie war die Tochter des Briseus, des Königs der Stadt Lyrnessos, die nicht weit von Troja lag. Bei einem Raubzug am Beginn des Krieges hatte Achill ihre Familie getötet, Vater, Mutter, Bruder und ihren Mann. Ihm war langweilig gewesen, Troja schien nur schwer einzunehmen, die Stadt war gut gerüstet und gut versorgt, selten kam es zu offenen Gefechten, die Griechen vertrieben sich die Zeit mit Spielen und eben mit Ausflügen in die Umgebung; und das hieß, sie plünderten die umliegenden Städte und töteten nach Lust und Laune.

Briseis hatte sich Achill entgegengestellt; sie kämpfte mit ihm, und Achill tat, als wäre sie ihm ebenbürtig. Am Ende war er unter ihr gelegen, und sie hatte ihm das Schwert an die Kehle gedrückt.

»Wenn du den Mut hast, töte mich«, sagte er.

Den Mut hätte sie wohl gehabt, aber Briseis war keine Mörderin; sie meinte, Achill sei wehrlos, und einen Wehrlosen wollte sie nicht töten. Achill war aber nicht wehrlos. Briseis lag über ihm, sein Dolch war auf ihr Herz gerichtet, hätte sie mit dem Schwert zustoßen wollen, wäre er ihr zuvorgekommen; das sah sie aber nicht. Sie stand auf und drehte ihm den Rücken zu.

»Geh!«, sagte sie.

Dass sie sein Leben schonen wollte, rührte ihn. Er meinte, jetzt, da sie allein auf der Welt war, sei es gut für sie, wenn er sie mit sich nähme. Er meinte, es sei eine Auszeichnung für sie, die Konkubine von Achill zu sein.

Aber Achill hat sie nicht wie eine Konkubine behandelt. Wäre sie eine gewesen, sie hätte seine Kleider waschen müssen, sein Zelt fegen müssen, sein Essen bereiten müssen. Sie hätte sich zu ihm legen müssen, wann immer er es ihr befohlen hätte. Achill aber ließ ihr ein eigenes Zelt neben dem seinen errichten, er wies ihr zwei Sklavinnen zu. Er befahl ihr nicht. Er rührte sie nicht an. Er betrat ihr Zelt nur, wenn sie es ihm erlaubte. Er brachte Geschenke mit. Er warb um sie. Er sagte, er liebe sie. Und dann ließ sie ihn zu sich.

Agamemnon hatte eine Konkubine – Chryseis, die Tochter des Chryses, der war Priester des Apoll auf der Insel Chryse. Agamemnon plünderte die Insel und nahm Chryseis mit, sie gefiel ihm. Er ließ ihr kein eigenes Zelt bauen, er warb nicht um sie, er brachte ihr keine Geschenke, er nahm sie mit Gewalt. Lachend behauptete er, er habe sie lieber als seine Frau Klytaimnestra. Da lachten alle mit.

Chryses, der Vater, bot ein hohes Lösegeld für seine Tochter. Er war ein tapferer Mann, allein kam er ins Lager der Griechen; er kniete sich vor Agamemnon nieder, breitete das Gold aus, küsste seine Füße. Der General gab ihm einen Tritt, er beschimpfte ihn, machte ihn lächerlich, beleidigte ihn vor den Umstehenden. Da ging der alte Mann und verfluchte Agamemnon und alle Griechen.

Er warf sich vor den Altar seines Gottes. »Habe ich dir nicht mein Leben lang gedient?«, rief er. »Habe ich deinen Namen nicht in aller Welt gepriesen? Vergelte es mir! Zwinge diesen bösen Mann, dass er mir meine Tochter wiedergibt. Erhörst du mich nicht, Apoll, dann bin ich dein Priester nicht mehr!«

Das wollte Apoll nicht. Er war zufrieden mit seinem Diener Chryses. Dass er ihm in seiner Verzweiflung drohte, nahm er ihm nicht übel. Er füllte seinen Köcher mit den schwarzen Pfeilen, das sind die Pfeile, die heißen die Pest. Und so ging er mit weiten Schritten durch das Lager der Griechen, schoss einen Pfeil nach dem anderen ab. Nur einer konnte ihn sehen, Diomedes, er besaß die Gabe, die Götter zu erkennen, wenn sie auf Erden wandelten; und manchmal kämpften die Götter mit, die einen auf der einen, die anderen auf der anderen Seite. Diomedes sah die Pfeile schwirren und sah, wie die Krieger fielen.

Kalchas wurde gerufen, der Seher. Er studierte den Flug der Vögel. »Du musst sie zurückgeben«, sagte er zu

Agamemnon. »Apoll hat seinem Priester versprochen, so lange zu töten, bis du Chryseis zurückgibst.«

Der Rat tritt zusammen. Alle fordern von Agamemnon, er solle auf seine Konkubine verzichten. Solche gebe es doch genug. Man werde ihm eine andere beschaffen. Die gute Sache gehe vor, die Vernichtung der Stadt Troja. Wenn alle Krieger an der Pest sterben, ist niemand mehr da, der die Stadt zerstören und plündern kann. Alle denken so, Odysseus, Nestor, Diomedes, Aias, Achill – alle.

Ja, Achill auch. Aber nur über ihn gerät Agamemnon in Zorn.

»Du«, poltert er, »du hast deine, und ich, dein General, soll meine weggeben? Nein!«

Agamemnon fordert Briseis; er lässt sie aus dem Zelt des Achill holen, er legt seinen Arm um sie, er drückt ihr Gesicht an seines. Und demütigt damit Achill vor dem ganzen Heer der Griechen. Chryseis wird ihrem Vater zurückgegeben. Die Pest weicht aus dem Lager. Agamemnon hat sich durchgesetzt. Jede Nacht besteigt er Briseis. Achill hört ihn brüllen und hört Briseis weinen.

Achill weigert sich, weiter am Krieg teilzunehmen. Er und seine Myrmidonen ziehen sich zurück. Er bleibt in seinem Zelt, wenn die Kämpfe toben.

Er sucht seine Mutter auf. Am Ufer des Meeres trifft er sie. Thetis taucht aus dem Wasser. Achill weint sich an ihrem Busen aus. Sie streichelt über seine Haare. Er bittet sie, sie möge im Olymp ihren Einfluss geltend machen, damit Zeus das Kriegsglück gegen die Griechen wende. Die Trojaner sollen die Griechen vertreiben, sie sollen die Griechen vernichten.

Und tatsächlich – die Griechen geraten in die Defensive. Die trojanischen Soldaten drängen sie zu den Schiffen zurück, einige Schiffe setzen sie in Brand, große Teile des griechischen Lagers werden zerstört.

Achill hockt in seinem Zelt und grollt und zählt mit Genugtuung jeden toten griechischen Soldaten. Seine Elitetruppe, die Myrmidonen, nimmt allein seine Befehle entgegen, dem obersten Heerführer Agamemnon gehorcht sie nicht.

Der Seher Kalchas erinnert an den Orakelspruch, dass die Griechen ohne Achill den Krieg verlieren werden. Eine Abordnung wird zu Achill geschickt, Nestor, der alte König von Pylos, und Odysseus, der König von Ithaka. Odysseus ist mit nur wenigen Soldaten nach Troja gezogen, sein Reich ist klein und unbedeutend; aber er gilt vielen als der Klügste.

Den beiden ist es gelungen, Agamemnon zu überreden, Briseis zurückzugeben. Sie meinen, damit werde Achill zufrieden sein, denn nichts anderes hat er ja gefordert. Aber die Kränkung sitzt zu tief, tut zu sehr weh. Hätte sich Agamemnon dazu bereit erklärt, als der Rat zusammensaß, wäre die Krise wohl beigelegt worden. Nun waren einige Tage vergangen, und der Zorn des Achill war größer geworden. Achill fordert, dass sich Agamemnon in Anwesenheit aller Heerführer bei ihm entschuldigt; dass er vor ihm niederkniet und um Verzeihung bittet.

»Niemals werde ich das tun!«, schreit Agamemnon die Boten an. »Niemals!«

Eine weitere Offensive der Trojaner macht dem Oberkommandierenden klar, dass die Sache der Griechen endgültig verloren ist, wenn sich Achill weiter weigert, mit seinen Myrmidonen an den Kämpfen teilzunehmen. Agamemnon lässt mitteilen, er sei bereit, vor Achill auf die Knie zu gehen und ihn um Verzeihung zu bitten.

Aber auch damit gibt sich der Gekränkte in seinem Zelt nicht zufrieden. »Er gibt nach, das ist alles«, sagt er. »Er will lediglich tun, was ich von ihm verlange. Das ist mir zu wenig. Er war einfallsreich, als er mich gekränkt hat, wo sind seine Einfälle, um mich freundlich zu stimmen? Benötigt der oberste Heerführer Einflüsterer, die ihm sagen, was er tun soll?«

Wieder gerät Agamemnon vor Wut außer sich; niemals, wettert er, niemals werde er sich diesen frechen Forderungen beugen. Aber er beugt sich. Er bietet ihm eine seiner Töchter als Frau an. Chrysothemis oder Elektra. Die beiden leben bei ihrer Mutter Klytaimnestra in

Mykene. Seine älteste Tochter, Iphigenie, hat Agamemnon bereits geopfert, als die Heere auf Aulis lagen und kein Wind war, um nach Troja zu segeln.

»Er soll sich eine von beiden aussuchen«, lässt er dem Grollenden mitteilen.

Aber auch damit ist Achill nicht zufrieden.

Panik breitet sich bei den Griechen aus. Niemand weiß, was Achill eigentlich will. Was immer er auch will, fürchtet man, er nimmt den Untergang des ganzen Heeres dafür in Kauf.

Der Zorn des Achill, der grenzenlos scheint, gefällt Zeus nicht. Der Held ist hochmütig. Zu solchem Zorn ist nur ein Gott berechtigt. Er schickt Hermes, der erscheint dem Patroklos im Traum. Patroklos ist der liebste und älteste Freund des Achill, er ist dem Helden Vater, Bruder, Freund und Geliebter. Hermes befiehlt ihm, er solle Achill überreden, wenigstens ihn, Patroklos, und das halbe Heer der Myrmidonen in den Kampf ziehen zu lassen.

Und tatsächlich – den Bitten seines Freundes gibt Achill nach.

»Du sollst meine Myrmidonen anführen«, sagt er, »damit alle sehen, dass der Krieg ohne uns verloren ist; damit alle sehen, dass wir zweimal so stark sind wie sie; damit alle sehen, dass unser halbes Heer mächtiger ist als alle ihre Heere zusammen.«

Patroklos legt sich die goldene Rüstung des Achill an, so zieht er ins Gefecht. So will es Achill. Er will zuschauen, wie es aussieht, wenn die legendären Myrmidonen und ihr goldener Führer auf dem Schlachtfeld erscheinen.

Hektor, der General der Trojaner, erschlägt den Patroklos; er glaubte, Achill stehe ihm gegenüber.

Da vertrieben Trauer, Schmerz und Rache die Kränkung aus dem Herz des Achill. Er gab seinen Streik auf, reihte sich ein in die Front der Griechen und begab sich wieder unter das Kommando des Agamemnon.

∞ ∞ ∞

Wer sich verletzt, wird krank. Wer gekränkt ist, wurde verletzt. Jemanden in einem sozialen oder psychischen Sinn zu verletzten, also zu kränken, erscheint uns heute mehr denn je als verdammenswert. Sich in Bezug auf seine Identität, seine religiösen Gefühle, seine sexuelle Orientierung, seine Vergangenheit, seine Zugehörigkeit zu einer Ethnie oder virtuellen Community verletzt zu fühlen gehört nahezu zu den Grundbefindlichkeiten des sensiblen modernen Menschen. Dass Debatten in dem Moment beendet werden müssen, in dem jemand bekundet, durch das soeben Gesagte verletzt oder gekränkt worden zu sein, beobachtet man nicht nur an Universitäten. Die subjektive Empfindlichkeit ersetzt zunehmend das Argument, wer sich gekränkt fühlt, hat recht, und Worte oder Formulierungen, die jemanden kränken könnten, sind nicht nur tunlichst zu vermeiden, sondern werden als offenbar verdammenswert zunehmend aus dem sprachlichen Verkehr gezogen.

Zur Vermeidungsstrategie von möglichen Kränkungen gehört auch die Forderung nach *safe spaces*, nach sicheren Räumen für junge Menschen, in denen sie vor intellektuellen oder moralischen Zumutungen geschützt oder zumindest davor gewarnt werden. Literarische Texte etwa, die aufgrund der in ihnen dargestellten drastischen Inhalte das moralische Empfinden stören könnten, werden dann entweder gar nicht mehr oder nur mit Vorbehalt gelesen. Es gehört zu den besonderen Pointen der Geschichte dieser Sensibilisierung, dass junge Menschen heute genau vor jener Episode aus der antiken Mythologie, die wie keine andere die Logik der Kränkung offenlegt und die Homer zu dem genialischen Beginn der *Ilias* inspiriert hatte, wegen ihres verstörenden Charakters gewarnt werden müssten.

Solch eine Warnung ergäbe sogar einen doppelten Sinn. Denn in der Figur des gekränkten, in seinem Stolz verletzten und beleidigten Achill zeigt sich nicht nur, wie tief und nachhaltig solche Kränkungen wirken können, sondern welche fatale Wende es nehmen kann, wenn der auch heute so gerne akklamierte Satz, nach dem immer recht hat, wer sich verletzt fühlt, auf die Spitze getrieben wird. Zugleich – und deshalb wäre vor dieser Geschichte noch einmal besonders zu warnen – verweist der Mythos darauf, dass auch die Gründe für seelische Verletzungen einmal aus einem anderen Holz geschnitzt waren als die Befindlichkeiten der Generation »Schneeflocke«.

Unsere Geschichte zeigt Achill nicht als strahlenden Helden. Er raubt, mordet und vergewaltigt zum Zeitvertreib, und dass er zu Briseis so etwas wie eine Zuneigung empfindet, mag sich auch einer Laune verdanken. Es gefällt ihm, dass die junge Frau sich wehrt und auf einen Kampf einlässt, und es berührt ihn vielleicht, dass sie dem vermeintlich Unterlegenen, der ihre Familie ausgerottet hat, das Leben schenkt. Dass er nun um sie wirbt, ihre Liebe nicht erzwingen will und dadurch in seine Welt der rohen Gewalt eine Spur von Humanität gelegt wird, mag nicht nur die Sympathiewerte von Achill erhöhen, sondern erklärt erst die Tiefe der Kränkung, die ihm Agamemnon nun zufügt.

In Platons – in seiner Authentizität umstrittenen – Dialog *Hippias minor* (*Der kleinere Hippias*) gilt Achill als der wahrhafte, authentische Held, der im Gegensatz zum verschlagenen Odysseus aus seinen Empfindungen und Affekten kein Hehl macht, der sich nicht verstellen kann und dem jedes kalkulierende oder taktische Denken fremd ist. Das zeigte sich auch, als Achill seine schöne Sklavin an den Oberbefehlshaber abtreten musste, der sich durch eigene Schuld, durch Arroganz und Gemeinheit, den Unmut der Götter zugezogen hatte: Achill zürnte. Unmittelbar, andauernd, rücksichtslos, unmäßig.

Agamemnon hat Achill in einem doppelten Sinn gekränkt. Er hat ihm die geliebte Sklavin genommen, und er hat ihn vor dem versammelten Heer gedemütigt. Der nun viel besungene Zorn des Achill ist wohl nicht als Wutausbruch zu denken, auch nicht als ein Zorn, der sich gegen ein Unrecht empört. Das alles mag in der Situation eine Rolle gespielt haben, aber das Entscheidende ist, dass dieser Zorn sich festsetzt, im Inneren nagt, sich nicht beruhigen lässt. Dieser Zorn verraucht nicht, dieser Zorn ist nicht zu besänftigen. Dieser Zorn wird selbst anmaßend, bekommt hypertrophe Züge. An Achill lässt sich die Logik starker Affekte studieren.

Achill zieht sich zurück, weigert sich mit seiner Truppe weiterzukämpfen, nimmt damit in Kauf, dass die Griechen den Kampf um Troja verlieren, dass sie vor Troja sterben. Die Kränkung, die Achill erfahren hat, sprengt alle anderen Verpflichtungen, Verbindungen oder Solidaritäten. Zorn entzweit. Und gleichzeitig ist sich Achill seiner Macht bewusst, ohne ihn werden die Griechen untergehen. Nun will er Agamemnon demütigen. Der Oberbefehlshaber gibt Briseis zurück, er bittet Achill öffentlich um Entschuldigung, er bietet ihm eine seiner Töchter an: Aber was immer Agamemnon tut, es ist dem Zürnenden zu wenig. Achills Zorn wird maßlos. Er verfällt einer Hybris, von der Gekränkte, Gedemütigte, Verletzte, gibt man ihnen die Möglichkeit zur Revanche, selten ganz frei sind: Wer gekränkt wurde, hat recht. Und eigentlich gibt es keine Möglichkeit, Unrecht wieder ungeschehen zu machen, Verzeihung ist undenkbar. Die Täter werden immer in der Schuld der Opfer stehen – so lange, bis es den Göttern zu bunt wird.

Und so geschieht es auch. Zähneknirschend erlaubt Achill, dass seine Truppen unter der Führung seines Freundes Patroklos an der Seite der Griechen weiter gegen Troja ziehen. Patroklos aber legt Achills goldene Rüstung an – nicht nur, weil Achill sich an diesem Anblick weiden will, sondern wohl auch, weil die Trojaner getäuscht werden sollen. Sie sollen denken, dass es der furchtbare Achill selbst sei, der nun wieder am Kampfgeschehen teilnimmt. War das eine Kriegslist des angeblich so ehrlichen Achill? Oder war es doch, was seinem Charakter wohl eher entsprochen hätte, kindliche Naivität, die infantile Lust zuzusehen, wie sich die Trojaner schrecken werden angesichts des vermeintlichen Achill?

Doch die Trojaner schrecken sich nicht. Ihr Anführer, Hektor, sucht den Kampf mit dem Krieger, den er für Achill halten muss, und erschlägt Patroklos. Erst jetzt ist der Zorn des Achill gebrochen, abgelöst durch einen noch größeren Zorn. Nun will er Rache für den toten Freund, nun unterstellt er sich wieder dem Oberkommando des gehassten Agamemnon, nun sucht er den Kampf mit Hektor. Wir wissen, wie diese Geschichte ausgeht. Achill wird Hektor erschlagen, seinen Leichnam um die Mauern von Troja schleifen und diesen dann, wie einen Kadaver, zugedacht den Hunden, unter seinen Tisch legen.

Der Mythos hält so einige unangenehme Ansichten für uns bereit. Negative Gefühle, die tief in die Befindlichkeit eines Menschen eingreifen, dauern weit über den Anlass hinaus an. Auch wenn die Urheber einer Kränkung diese schon längst vergessen haben, das Ganze überhaupt für eine Bagatelle halten mögen – im Gekränkten hat sich alles tief eingefressen, lässt nicht nach, wird durch Vergeltungsfantasien immer wieder erhitzt und intensiviert. Es ist dieser lang anhaltende Groll, aus dem sich fast schon eine Lebensform entwickeln kann, der Achill gefangen hält, aus dem es lange kein Entrinnen gibt. Solch einem Groll ist mit vernünftigen Argumenten ebenso wenig beizukommen wie mit halbseidenen Angeboten für Kompensationsgeschäfte.

Nur starke Affekte können starke Affekte eindämmen oder ins Gegenteil verkehren. Weder politische Klugheit noch die Besinnung auf ein wie immer geartetes Gemeinwohl hätte Achill von seinem Groll abbringen können. Erst eine neue Wut, gepaart mit tiefer Trauer um den verlorenen Freund, lässt den alten Zorn endlich vergessen. Der Philosoph Baruch Spinoza hat im 17. Jahrhundert in seiner *Ethik*, die er nüchtern nach der Methode der Geometrie hatte konstruieren wollen, diese Erfahrung systematisiert. Affekte sind nicht durch die Vernunft kontrollierbar, sondern sie wirken so lange, bis sie durch ähnlich starke andere Affekte neutralisiert werden können.

Stimmte diese Diagnose, in der sich der antike Mythos und der moderne Rationalismus eines Spinoza treffen, verhieße das nichts Gutes. Wer negative Gefühle – vom Hass im Netz bis zu irrationalen Ängsten – bekämpfen möchte, dürfte dann nicht auf Vernunft, Einsicht, Belehrung oder Moral setzen, sondern müsste zumindest daneben immer auch Möglichkeiten offerieren, andere, nun erwünschte starke Affekte zu mobilisieren. Einfach wird dies nicht, zumal sich negative Gefühle selten durch Empathie oder Mitleid ablösen lassen, sondern nur durch andere negative Gefühle. Gegen den Hass im Netz wird dann auch gerne der Hass auf die, die Hass im Netz verbreiten, mobilisiert, gegen die Fremdenangst die Angst vor denjenigen, die Angst vor den Fremden haben.

Und noch etwas demonstriert der Mythos: Der Anlassfall, die Kränkung, die Verletzung, steht in keinem wirklichen Verhältnis zu dem anhaltenden und dauerhaften Groll, der sich als Reaktion darauf entwickeln mag. Dass alles nicht so schlimm sei oder so nicht gemeint gewesen war, besänftigt niemanden, der sich beleidigt fühlt. Das zumindest hat die Generation »Schneeflocke« offenbar begriffen, auch wenn sie einen großen Bogen um die gewalttätigen Mythen der Antike macht: Wer sich verletzt fühlt, hat nicht nur recht, er darf dann, in seiner Kränkung, auch alles tun. Zur Mobilisierung von Affekten, zu Erregungskulturen und Empörungsspiralen gehört so notwendigerweise die Maßlosigkeit. Auch die Forderungen nach Entschuldigungen und Wiedergutmachungen kennen keine Grenzen.

Götter werden heute nicht mehr eingreifen, um solch einem Furor Einhalt zu gebieten. Uns bleibt trotz allem nur der Appell an eine abwägende Vernunft, die es erlaubt, die Kränkung und die Reaktion darauf in ein angemessenes Verhältnis zu setzen. Uns bleibt der Glaube an eine Rationalität, die Mittel und Wege findet, Affekte doch zu kontrollieren und die Menschen vor emotionaler Hybris zu bewahren, und dies ungeachtet dessen, ob ihnen tatsächlich Unrecht zugefügt worden ist oder ihre

Kränkung Resultat einer lebhaften Fantasie gewesen war. Das war zumindest ein Gedanke der Aufklärung gewesen, den man nicht ganz vergessen sollte, auch wenn ihn die Wucht der Mythen mitunter grau und blass aussehen lässt.

INTRIGE

Jago – Die Wut des kleinen Mannes

Es geht darum, die Stelle eines Leutnants zu besetzen. Zwei Kandidaten kommen dafür in Frage: Michael Cassio und Jago.

Michael Cassio ist ein junger Mann, er hat wenig Erfahrung in der Kriegführung. Er ist liebenswürdig, charmant, neigt allerdings zum Jähzorn, was ihm aber in den meisten Fällen gern verziehen wird, eben weil er jung, liebenswürdig und charmant ist. Jago dagegen hat sich als zuverlässiger Soldat profiliert, er ist nicht gerade die rechte Hand des Generals, aber immer an seiner Seite. An den Schläfen wird er bereits grau. Ihm muss der General nichts erklären, weil Jago keine Erklärungen von einem General erwartet. »Ich bin nicht, der ich bin.« So beschreibt sich Jago selbst. Für einen Vorgesetzten kann das nur heißen: Er ist, was ich von ihm will.

Jago wäre der logische Mann auf diesem Posten. Aber er kriegt den Posten nicht. General Othello übergeht ihn und zieht Michael Cassio vor.

Othello ist General unter dem Herzog von Venedig. Er genießt großen Respekt in der Stadt, bisher gab es keinen Anlass, an seinen Fähigkeiten zu zweifeln. Er wird zu den Festen der feinen Gesellschaft eingeladen. Aber er steht dann allein herum. Man schätzt es nicht, länger als nötig in seiner Gegenwart gesehen zu werden. Der Mann ist ein militärisches Genie, daran gibt es nichts zu rütteln. Aber seine Haut ist schwarz. Über seine Herkunft weiß man wenig. Er ist ausgestattet mit dem Selbstbewusstsein eines Königs. Das wird mit verhohlener Missbilligung registriert. Unterwürfigkeit stünde so einem besser an. Meint man. Flüsternd.

Ohne lange abzuwägen, hat Othello den Cassio zum Leutnant befördert. Niemand erwartet eine Erklärung. Aber er gibt eine ab. Weil er ihn liebe, sagt er. – Oh! Der General liebt? Erstaunlich. Liebe ist ja nicht unbedingt ein militärisches Erfordernis. Othello macht sich keine Gedanken darüber, ob er Jago unrecht getan hat, wie die Zurückweisung wohl auf Jagos Gemüt wirkt, wie sich eine weitere Zusammenarbeit mit ihm gestalten wird.

Und Jago? Ihm liegt auf eine eigentümliche Art recht wenig an sich selbst. Man fragt sich: Hätte er, wäre er an Othellos Stelle, sich selbst zum Leutnant gemacht? Wahrscheinlich nicht. Dennoch fühlt er sich angegriffen. Er wird sich verteidigen. Verteidigung heißt für ihn nicht, das Eigene zu schützen, sondern das andere zu vernichten. Er will Rache.

Jago wundert sich nicht, dass der General liebt. Er

kennt Othello besser als die meisten. So weiß er zum Beispiel, dass der General heimlich geheiratet hat, Desdemona, die Tochter des Senators. Warum heimlich? Den Mohren als Schwiegersohn will niemand. Hier ist die weiche Stelle bei Othello. Die nimmt sich Jago vor.

Der Intrigant kämpft nicht offen, er braucht einen, der vortritt, während er selbst im Schatten bleibt. Jago hat einen solchen gefunden, Rodrigo. Rodrigo erweist sich als rundum geeignete Person. Erstens: Er ist reich. Zweitens: Er ist dumm. Drittens: Er ist in Desdemona verliebt.

Jago verspricht: »Du wirst sie bekommen. Du musst nur tun, was ich dir sage.«

»Und was soll ich tun?«, fragt Rodrigo.

Er soll nachts auf der Straße herumschreien, die Tochter des Senators treibe es mit einem Schwarzen. Mehr braucht es nicht.

Mehr braucht es tatsächlich nicht, der Senator lässt noch in der Nacht alle Senatoren zusammenrufen und erstattet Anzeige. Er behauptet, der Schwarze habe schwarze Künste angewendet, um seine Tochter zu bekommen.

Da betritt Othello den Senat.

Sein Erscheinen hat einen militärischen Grund. Es gibt geheimdienstliche Informationen, dass die Türken planen, auf Zypern zu landen. Zypern gehört zum Hoheitsgebiet Venedigs. Der Herzog persönlich hat Othello den Oberbefehl über die Truppen erteilt.

Der Senator aber will seine Sache zuerst verhandelt sehen. Und der Herzog sieht das ein. Wie soll Venedig nach außen geeint auftreten, wenn es im Inneren zerstritten ist? Othello verteidigt sich. Er spricht ruhig, in einfachen, klaren Worten. Er ist ein Mann, der viel erlebt hat. Und vor allem ist er ein Mann, der gut erzählen kann. Er habe Desdemona kennengelernt und habe ihr sein Leben erzählt. Er habe ihr von all dem Leid erzählt, das er erfahren, und sie habe geweint. Da habe er sich in sie verliebt, weil sie über sein Leid geweint hat, und da hat sie sich in ihn verliebt.

Der Herzog ist beeindruckt. Er erteilt der Ehe seinen Segen. Der Senator gibt nach, sein Einverständnis aber gibt er nicht.

Jagos Stich in die weiche Stelle hat den General nicht zu Fall gebracht. Der Intrigant hat eine Fensterscheibe eingeschlagen. Das Haus steht noch. Jago wartet auf eine nächste Gelegenheit. Sie wird sich bieten.

Das Heer bricht nach Zypern auf. Jago ist dabei, Michael Cassio, der neue Leutnant, natürlich auch. Auch Rodrigo fährt mit. Außerdem hat Othello seine Frau mitgenommen, Desdemona.

Jago spricht mit Othello. Er habe von einer Intrige gegen ihn und Desdemona gehört. Jemand habe dem

Senator verraten, dass sie geheiratet haben. »Wenn Ihr meine Hilfe braucht«, sagt er, und er kennt den Ton, der bei Othello zieht, »dann stehe ich da.«

Das wiederum beeindruckt Othello. Solche Sympathiebezeugung ist er nicht gewohnt. »Mein lieber Jago«, sagt er, »mein Freund, denn du bist ein Freund, ich übergebe deiner Obhut meine Frau Desdemona.«

Die Türken werden geschlagen. Bei der Siegesfeier wird Cassio, der junge neue Leutnant, Wache stehen. »Du bekommst Desdemona«, sagt Jago zu Rodrigo. »Fang mit Cassio einen Streit an, schütte einen Becher Wein über seinen neuen Rock! Ich gebe dir ein Zeichen!«

Wache stehen heißt, nüchtern zu sein. Jago gesellt sich zu Cassio. »Damit du nicht so allein bist.«

Er verführt Cassio. Cassio trinkt von dem Wein. Jago macht ihn betrunken. Er weiß: Wenn Cassio betrunken ist, neigt er zum Jähzorn. Im Weggehen gibt er Rodrigo ein Zeichen. Der spielt seine Rolle, kippt ihm ein Glas Wein auf die Brust. Und Cassio haut zu. Schon wälzen sich die beiden am Boden und machen Lärm.

Nicht nur der Sieg über die Türken wird gefeiert, es ist auch Othellos und Desdemonas Hochzeitsnacht. Der Lärm stört die beiden. Othello findet seinen Leutnant sturzbetrunken. Alle bezeugen, der Leutnant habe angefangen, er habe in einen Mann, der ihn gegrüßt hat, einfach mitten hineingehauen. Die Zeugen hat Jago besorgt.

Othello degradiert den Leutnant. Michael Cassio, kaum hat er den Mund zu, dient er wieder als Fähnrich. Und wer kriegt den Leutnantsposten?

»Jago, bist du bereit?«

»Jawohl, mein General.«

Aber damit ist Jago noch nicht zufrieden.

Jago spricht mit Cassio. Er gibt sich die Schuld. Er hätte ihm keinen Wein anbieten sollen. Er schwört Cassio, er werde es wiedergutmachen. »Ich werde ein Treffen mit Desdemona arrangieren. Sie wird dir helfen.«

Jagos Frau ist eine Freundin und Vertraute von Desdemona, eine Bedienstete zwar nur, aber auf niemanden hört die Gemahlin des Generals mehr als auf sie. Emilia bittet, Desdemona gewährt. Desdemona mag den Michael Cassio, sie hilft ihm gern.

Während des Gesprächs lenkt Jago Othello ab. Er zeigt ihm die Wehranlagen, richtet es so ein, dass sie just in dem Augenblick beim Haus des Generals ankommen, als Cassio von Desdemona verabschiedet wird. Wie zu sich selbst sagt Jago: »Ah! Das gefällt mir nicht.«

»Was gefällt dir nicht?«, fragt Othello. »War das nicht der Cassio, den ich da gesehen habe?«

»Nein«, tut Jago, als ob er stammele, »das ... das ... war nicht der Cassio. Ich kann mir nicht vorstellen, dass Michael Cassio so heimlich wegschleicht von Eurer Frau ...«

Schon ist der Keim gesetzt.

Desdemona bittet für Cassio. Othello möge ihm verzeihen und die Degradierung rückgängig machen. Othello ist beruhigt, es gibt offensichtlich keinen Grund zur Eifersucht.

Jago sieht das anders. Wieder redet er herum, macht Andeutungen, bietet seine Hilfe an.

Es gelingt ihm, Othellos Misstrauen erneut anzufachen.

»Jago!«

»Ja, mein General?«

»Jago, gib mir eine aufrichtige Antwort!«

»Aufrichtig? Bin ich nicht aufrichtig?«

»Hältst du den Cassio für einen ehrlichen Menschen?«

»Ehrlich? Man sollte so sein, wie man scheint. Dann denke ich schon, dass er ehrlich ist, der Cassio.«

»Du redest eigenartig, Jago. Was soll das heißen?«

»Ihr manövriert mich in einen Konflikt«, sagt Jago, gibt seiner Stimme einen kleinen Jammer. »Ich liebe den Cassio, er ist ein Freund von mir. Jeder Mensch hat dunkle Seiten in seinem Herzen ... Aber, mein General, Ihr müsst doch nicht eifersüchtig sei!«

Und bewirkt damit, dass er es ist.

Desdemona tritt auf, Jago schleicht davon. Othello ist blass, der Schweiß steht ihm im Gesicht. Desdemona trocknet es mit ihrem Taschentuch.

Othello stößt sie weg. »So ein Taschentuch ist viel zu klein, um meinen Gram zu verdecken!«

Das Taschentuch fällt zu Boden.

Emilia, Jagos Frau, Desdemonas Vertraute, hebt das Taschentuch auf. Sie will es später ihrer Herrin geben, bei einer besseren Gelegenheit.

Zu Hause nimmt Jago das Tüchlein an sich, heimlich verbirgt er es unter Cassios Sachen. Der findet es, hat keine Ahnung, wie es dorthin gekommen ist. Er kennt das Tuch nicht.

Bald darauf bittet Jago seinen General um eine Unterredung. Nach langem Hin und Her rückt er heraus: »Cassio treibt's mit Eurer Frau.«

Da fällt Othello in Ohnmacht.

Als er wieder zu sich kommt, sagt er nur: »Ich brauche einen Beweis.«

Den will ihm Jago liefern. Er zeigt ihm das Taschentuch. Das habe er bei Cassio gefunden. Das Tüchlein war das Liebespfand, das Othello Desdemona in ihrer ersten Nacht geschenkt hat. Es ist das Symbol für ihre Liebe. »Sie hat es dem Cassio geschenkt«, sagt Jago.

Othello stellt Desdemona zur Rede. Sie soll ihm das Tuch zeigen. Das kann sie nicht.

Othello schreit sie an. Er misshandelt sie. Sie soll zugeben, dass sie es mit Cassio treibt!

Desdemona kann sich nicht verteidigen, weder gegen

seine Vorwürfe noch gegen seinen Würgegriff, sie kann kaum noch sprechen. »Lass mich einen Tag noch leben, wenigstens bis morgen.«

»Nein!«

»Eine Stunde nur?«

»Nein!«

»Eine Minute!«

Othello presst ihr das Kissen aufs Gesicht. Sie stirbt.

Othello nimmt sich das Leben. Mit Schaudern hören wir seine letzten Worte: Er habe Desdemona geküsst, bevor er ihr den Tod gab.

Jagos Intrige fliegt auf. Ausgerechnet seine Frau, Emilia, beweist seine Schuld. Jago wird bitter dafür zahlen. Und wir können uns des Eindrucks nicht erwehren: Er ist zufrieden damit.

∞ ∞ ∞

Wie verdammenswert ist eigentlich eine Intrige? Natürlich: Unser erster moralischer Reflex möchte jede Art von Hinterlist, jede Manipulation von Menschen durch Lügen, Gerüchte, falsche Andeutungen und Halbwahrheiten sofort verurteilen. Zum Ziel einer Intrige zu werden gehört vielleicht zu den verletzendsten und empörendsten Erfahrungen, denen man in einer Gemeinschaft ausgesetzt werden kann. Und doch: Sind wir nur Opfer von hinterlistigen Ränkespielen, oder beteiligen wir uns mitunter nicht auch selbst gerne an solchen – sei es, weil wir glauben, dass ein hehres Ziel solche Machenschaften rechtfertigt, sei es um des eigenen Vorteils willen, sei es aus der Lust an der Macht, die jeder erfolgreiche Intrigant wohl einmal verspüren wird.

Jago ist die paradigmatische Verkörperung des intriganten Menschen. In unserer Geschichte geht es wohl auch um Macht und Liebe, um Eifersucht und Stolz, um das Fremde und seine Abwehr, aber in erster Linie geht es um die Logik der Intrige. An Jago lässt sich nicht nur der zweifelhafte, verabscheuungswürdige Charakter eines Intriganten studieren, sondern vor allem seine Methoden und Fähigkeiten. Wenn zeitgeistige Managementliteratur kein Problem damit hat, von Führungskräften auch Intrigenkompetenz einzufordern, kann man nur hoffen, dass damit Intrigenabwehrkompetenz gemeint ist; sollte es aber tatsächlich um jene Fähigkeiten gehen, die als Voraussetzung für die Durchführung einer erfolgreichen Intrige gelten, wäre die Geschichte Jagos immer noch der beste Leitfaden dafür. Gut, dass Manager eher selten solch alte Geschichten lesen.

Benötigt man eigentlich ein plausibles Motiv, um eine Intrige zu spinnen? Es stimmt: Jago fühlte sich zurückgesetzt, weil ihm der junge Cassio vorgezogen worden war. Kränkung und Rache sind starke und nachvollziehbare

Gründe für das Aufspannen jener Fallstricke, an denen Othello zugrunde gehen soll. Die Intrige stellte unter dieser Voraussetzung die Form eines Rachefeldzugs dar. Aber könnte es nicht auch umgekehrt sein? Könnte die Entscheidung Othellos, Cassio gegenüber Jago den Vorzug zu geben, nicht auch ein bloßer Vorwand für eine Intrige gewesen sein, die Jago längst im Herzen trug – aus Ressentiment, aus Prinzip, aus Protest, aus purer Freude an der Zerstörung? Gehört Jago nicht zu jenen wirklich Bösen, die nach Friedrich Nietzsche in der Verletzung und Demütigung eines anderen Menschen die einzige Quelle ihrer Lust finden?

Friedrich Nietzsche machte aber auch einmal die sinnige Bemerkung, dass Täuschen und Trügen, Lügen und Verstellen für den Menschen ursprünglicher seien als der Wunsch nach Wahrheit und Aufrichtigkeit. Die Sprache, so Nietzsche in jungen Jahren, haben wir nicht erfunden, um uns zu verständigen, sondern um den anderen zu täuschen. Die Intrige erscheint so als eine anthropologische Gegebenheit, der es gelingt, dieses Täuschungsmanöver zu perfektionieren, indem es in einer perfiden Art und Weise mit der Wahrheit verkuppelt wird.

An Jago lässt sich studieren, welche Ingredienzien und Verfahren eine Intrige benötigt, an diesem Beispiel lässt sich auch zeigen, dass der Intrigant zwei Voraussetzungen mitbringen muss, die letztlich seine Überlegenheit ermöglichen: Menschenkenntnis und psychologischen Scharfsinn. Denn jede Intrige beruht darauf, dass Menschen Angebote gemacht oder Informationen geboten werden, die sie aufgrund ihrer psychischen Disposition, oft auch aufgrund ihrer unbewussten Regungen bereit sind ohne Prüfung anzunehmen. Der Intrigant weiß, was sich jemand ersehnt, welche Vorurteile er bedienen muss, in welchen Bereichen jemand wirklich verletzbar ist, was jemanden zur Weißglut treibt. Jagos Intrige wäre gescheitert, wären Othello nicht eifersüchtig, Cassio nicht naiv, Desdemona nicht leichtgläubig und Rodrigo nicht gierig gewesen. Diese Eigenschaften machen die Menschen blind und liefern sie dem Verwirrspiel des Intriganten aus. Dieser darf nicht mit dreisten Lügen oder plumpen Unterstellungen, die leicht durchschaubar wären, arbeiten. Auf die Frage: *Cui bono* – wem nützt es – darf nie der Intrigant selbst als offenkundige Antwort erscheinen. Er muss die feine Klinge des Verdachts führen, und Jago tut dies, indem er selbst den Verdacht zurückweist. Erst dadurch tappt Othello in die Falle. Das ist übrigens auch ein Grund, warum wir plumpe Lügner mitunter sympathischer finden und für authentischer halten als den mit allen Wassern gewaschenen Intriganten, der sich immer hinter den Anliegen der Menschen verbirgt, die nicht wissen, dass sie seine Marionetten sind.

Das Medium des Intriganten ist nicht die Lüge, sondern die Halbwahrheit. Desdemona setzt sich ja wirklich für Cassio ein – wer kennt ihre wahren Motive? Das Taschentuch gibt es ja wirklich – wer kennt seine wahre Geschichte? Der farbige Othello ist ja wirklich den Ressentiments seine Umgebung ausgesetzt, wer garantiert, dass seine geliebte Desdemona frei von solchen ist? In seiner sozialen Isolation braucht Othello trotz oder sogar wegen seines hohen militärischen Ranges ja tatsächlich einen Freund, den Jago nur spielt. Die Intrige arbeitet so mit der Dynamik eines Verdachts, den sie nicht selbst äußert, sondern als Möglichkeit in das Innere eines Menschen pflanzt. Anfällig für das Spiel der Intriganten aller Art werden wir, weil wir nicht davor gefeit sind, solchen Verdächtigungen auch in uns freien Raum zu lassen. Scheint der Verdacht zudem ein Vorurteil zu nähren, das wir ohnehin hegen, gibt es kein Halten mehr.

Mitunter wird die Intrige als eine Hinterlist beschrieben, die von den Listen, deren wir uns immer wieder bedienen, unterschieden und moralisch anders bewertet wird. Zwar debattierte schon die Antike darüber, ob die *Odyssee* in der literarischen Qualität an die *Ilias* überhaupt heranreiche, da ihr Held ein gewitzter, ja verlogener Charakter sei, der es mit dem ehrlichen und tapferen Achill der *Ilias* nicht aufnehmen könne, aber einen Intriganten wollen wir den listenreichen Odysseus dann doch nicht nennen. In der Hinterlist der Intrige steckt nämlich nicht nur strategische Klugheit im Kampf, die sich vielleicht die Leichtgläubigkeit der Menschen zunutze macht – wie beim Trojanischen Pferd –, sondern eine Form der Täuschung, die sich der absoluten Nähe und Vertrautheit eines Menschen bedient. Die List ist ein Strategem in einem an sich deklarierten Kampf. Die Hinterlist eröffnet einen Kampf, von dem außer dem Intriganten noch niemand etwas weiß. Das macht die Opfer einer Intrige auch so wehrlos. Sie wissen nicht, dass der enge Mitarbeiter, die beste Freundin, der freundliche Kollege, die vermeintliche Verehrerin, der Lebenspartner, die attraktive Investorin mit einem Vernichtungsfeldzug begonnen hat.

Die Ambivalenz zeigt sich vor allem in einem Aspekt, der uns selbst in ein moralisches Dilemma bringt: Die Intrige funktioniert eigentlich nur von unten nach oben. Schon Gleichrangige, die um eine Sache rivalisieren, bedienen sich anderer Mittel und Strategien. Und eine Intrige von oben nach unten wäre schlicht lächerlich. Undenkbar, dass ein Fürst gegen seinen Kammerdiener intrigiert – nur umgekehrt gewinnt die Intrige Sinn, Bedeutung und Spannung: Der typische Intrigant ist deshalb immer eine mediokre Figur, in einem Nahverhältnis zur Macht, aber nicht in deren Zentrum.

Damit aber wohnt jeder Intrige ein rebellischer Kern

inne, bewegt sie sich in einem der dubiosen Vorhöfe der Hölle. Vor allem unter den Aspekten eines ausdifferenzierten Rassismusdiskurses erscheint uns Jagos Intrige doppelt teuflisch, da sie nicht nur illegitim ist, sondern sich auch gegen den Angehörigen einer ethnischen Minderheit richtet. Es wäre einmal spannend zu beobachten, wie wir Jagos Intrige beurteilten, wäre Othello ein alter weißer autoritärer Mann und Jago ein benachteiligter junger Schwarzer. Diese Intrige würden wir zweifellos feiern, so wie wir die Netzaktivitäten feiern oder die Videofalle, die die sexsüchtigen Tycoons der Film- und Fernsehbranche oder Rechtspopulisten zu Fall bringen, auch wenn diese Strategien mitunter von einer Intrige nicht sehr weit entfernt sein mögen.

Die moralische Bewertung einer Intrige hängt sehr wohl davon ab, wer gerade durch eine Intrige gestürzt werden soll. Wenn ein ehemaliger Parteichef sich in seinen Erinnerungen darüber beklagt, dass er Opfer einer Intrige geworden sei, dann steht in der Regel weniger die Frage nach der moralischen Zulässigkeit der Intrige zur Debatte als vielmehr, ob dieser Aufstand gegen die etablierte Führung letztlich der Partei genützt oder geschadet habe.

Täuschungen, Intrigen, Absprachen hinter dem Rücken von Beteiligten, das Vorenthalten und Manipulieren von Informationen, das Ausstreuen von Gerüchten,

List und Hinterlist gehören so auch zum Arsenal jeder Rebellion. Werden durch diese Machtverhältnisse angetastet, die wir für legitimiert halten, finden wir eine Intrige gegen diese ziemlich böse. Werden dadurch Herrschaftsformen ins Wanken gebracht, gegen die wir ohnehin große Vorbehalte haben, können wir eine simple und gemeine Intrige oder plumpe Falle schon auch einmal zu einem heroischen Akt des Widerstands stilisieren und mit allen Weihen der Moral versehen.

Ob jede Intrige ein Motiv benötigt – Liebe, Macht oder Rache kommen dafür immer in Frage –, bleibe also dahingestellt. Bei Jago immerhin können wir nicht nur die reine Lust an der Intrige studieren, sondern auch die Lust an der Zerstörung als mögliche Quelle dafür ausmachen. Am Ende sind alle geschädigt, zwei Menschen tot. Jagos Genugtuung darüber endet nicht, als sein Ränkespiel offenbar wird. Seinen Zweck hat es erreicht: Destruktion. Der Wille zur Destruktion aber galt und gilt vielen Philosophen als bestimmende Ausdrucksform des Bösen. Diese Nähe zum schlechthin Verwerflichen und Verdammenswerten macht die Intrige zu einer sinnfälligen Erscheinungsform des Unmoralischen, ihre unübersehbare Präsenz in unserer alltäglichen Lebenswelt aber macht sie zu einer durch und durch prekären und ambivalenten Erscheinung.

NIEDERTRACHT

Der Tod des Palamedes

Dies ist die Geschichte von Palamedes, des Nauplios'
Sohn. Er war ein Wohltäter der Menschheit. Einen beträchtlichen Teil der Buchstaben hat er erfunden und
auch die Ziffern von 3 bis 9, und er hat ein System ausgedacht, wie Nachtwache gehalten werden kann, ohne
dass einer der Soldaten zu wenig Schlaf bekommt. Er
hat die Waage erfunden und damit wenigstens für eine
Weile die Ungerechtigkeit abgeschafft. Er hat sich auf
einen Berg gesetzt und hat in dem Augenblick, da die
Sonne im Meer versank, zu zählen begonnen, durch die
Nacht hindurch bis in den Morgen und weiter über den
Tag bis zum Abend, bis die Sonne abermals an der gleichen Stelle unterging, dann hat er die Division erfunden
und die Zahl, die sich beim Zählen ergeben hat, durch
vierundzwanzig geteilt und verkündet: »Das Ergebnis
soll künftig eine Stunde heißen!«

Während des Trojanischen Krieges war er der engste
Berater von Agamemnon, dem Oberkommandierenden.
Als sich die Heere der Griechen auf der Insel Aulis tra-
fen, um von dort gemeinsam nach Troja weiterzusegeln,

kam es zum Streit unter den Soldaten, weil der Wind ausblieb und die Schiffe den Hafen nicht verlassen konnten und sich Langeweile ausbreitete, die grausamer sein kann als jeder Feind. Agamemnon nämlich hatte die Mahnung des Sehers Kalchas missachtet und eine weiße Hirschkuh erlegt, die der Artemis gehörte, woraufhin sie Poseidon bat, er möge den Winden Einhalt gebieten. Es gebe nichts Gefährlicheres als ein stehendes Heer, das nichts zu tun hat, warnte Palamedes den Heerführer. »Dann tu etwas!«, befahl ihm Agamemnon, und Palamedes erfand das Brettspiel. Manche sind der Meinung, damit habe er den Feldzug gegen Troja gerettet.

Palamedes war beliebt bei allen, weil er hilfsbereit war und nicht überheblich. Wer immer ein Problem hatte und sich nicht mehr zu helfen wusste, der wandte sich an Palamedes; und Palamedes wusste Rat, und er verstand es, in einer Weise zu helfen, dass der Bedürftige sich nicht gedemütigt fühlte. Viele sagten: »Der Palamedes hat mich auf eine Idee gebracht …« Und das klang in ihren eigenen Ohren besser als: »Palamedes hat mir geholfen.«

Palamedes hatte viele Freunde, aber einen Feind hatte er, und der war ein mächtiger Feind: Odysseus.

Wer den Palamedes nicht kannte, der hielt den Odysseus für den klügsten Menschen. Wer beide kannte, der hätte nicht mit Gewissheit sagen können, wer der Klügere sei. Vermutlich aber hätte er den Odysseus genannt. Warum? Weil er befürchtet hätte, sein Urteil komme irgendwann irgendwie den beiden zu Ohren, und Odysseus war rachsüchtig, Palamedes aber nicht.

Etliche Jahre vor dem großen Krieg rief König Tyndareos alle Helden Griechenlands zu sich nach Lakedaimon an den Hof. Er wollte seine Tochter Helena verheiraten – die eigentlich seine Ziehtochter war, denn ihr wirklicher Vater war Zeus. Helena war die schönste Frau, die je auf der Erde gelebt hat, und wer ein Held sein wollte – und jeder wollte das –, dem blieb nichts anderes übrig, als um ihre Hand anzuhalten, ganz gleich, ob er sich Chancen ausrechnete oder nicht. Aus allen Teilen Griechenlands kamen sie nach Lakedaimon, und dort lungerten sie herum und warteten darauf, wem der Zuschlag erteilt würde. Sie hatten nichts zu tun, ihnen war langweilig, das Brettspiel war noch nicht erfunden. Aber auch Hass ist gut gegen Langeweile; also begannen sie sich gegenseitig zu hassen, was leicht war, denn einer stand dem anderen im Weg. Bald dachte selbst der Hässlichste und Unbedeutendste, zum Beispiel der kleine Aias aus Lokris: Wenn die anderen nicht wären, würde ich Helena bekommen. Also hasste er die anderen.

König Tyndareos hatte Angst. Wem auch immer er Helena geben würde, er machte sich damit nur einen Freund, aber zwei Dutzend Feinde. Im besten Fall würden die anderen über den einen herfallen oder jeder über jeden; wahrscheinlich aber würden alle über ihn herfallen. Also zögerte er seine Entscheidung hinaus.

Unter den Helden war auch Odysseus. Er war der König einer kleinen Insel; er wusste, er würde als Gatte der Helena nicht in Frage kommen. Er lernte Helenas Cousine kennen, Penelope. Sie war nicht so schön wie Helena – welche Frau war das? –, aber sie war klug, und sie gefiel Odysseus mehr, als ihm die schönste Frau je gefallen könnte. Und er gefiel Penelope; sie verachtete das Getue um ihre Cousine. Die beiden waren sich einig.

Odysseus bat Tyndareos um ein Gespräch.

»Ich weiß um dein Problem«, sagte er. »Wenn du mir hilfst, helfe ich dir.« Wenn Tyndareos bei seinem Bruder ein gutes Wort einlege, dass er seine Tochter dem König von Ithaka zur Frau geben möge, dann verrate er ihm eine List, wie die Freier um Helena in Schach gehalten werden könnten. Tyndareos war sofort einverstanden.

»Lass sie alle antreten und einen heiligen Schwur ablegen, formuliere den Wortlaut so kompliziert, dass sie in ihren verwirrten Köpfen seine Tragweite nicht sofort überblicken, und dann gib Helena, wem du willst.«

Und Odysseus hatte den Schwur bereits aufgesetzt:

»Wir, die wir hier stehen, schwören bei den Göttern, dass wir, wer auch immer Helena zur Frau bekommt, demselben, sollte ihm jemand die Frau nehmen, helfen werden, diese zurückzubekommen!«

Alle haben sie geschworen! Und haben nicht bemerkt, dass ihr Schwur gegen sie selbst gerichtet war. Tyndareos hat Helena an den reichsten von ihnen gegeben, an Menelaos.

Und dann hat Paris, der Prinz von Troja, Helena geraubt, und die Helden waren aufgerufen, ihren Schwur einzulösen, und sie haben sich versammelt, um gegen Troja zu ziehen. Ausgerechnet Odysseus wollte nicht. Er hasste den Krieg. Er war glücklich verheiratet mit Penelope, sie hatten einen Sohn, Telemachos, der war gerade ein halbes Jahr alt. Als die Herolde kamen, um ihn abzuholen, stellte er sich verrückt. Er spannte Ochs und Esel vor den Pflug, fuhr damit über den Strand und säte Salz in den Sand, auf dem Kopf trug er die Narrenkappe.

Menelaos weinte, als er ihn sah. »Der Beste der Besten hat den Verstand verloren!«, rief er aus. Er durchschaute das Theater nicht.

Aber Palamedes durchschaute es. Er nahm Penelope das Kind aus dem Arm und legte es schnell vor den Pflug. Da hielt Odysseus inne und hob das Gerät über seinen Sohn, damit er nicht verletzt würde.

»Schluss mit dem Theater«, sagte Palamedes.

Die List des Odysseus war aufgedeckt. Er zog mit den anderen erst nach Aulis, dann weiter nach Troja. Zehn Jahre dauerte der Krieg. Und Odysseus wartete auf eine Gelegenheit, sich an Palamedes zu rächen.

Odysseus war befreundet mit Diomedes, dem König von Argos. Mit ihm gemeinsam schlich er sich eines Nachts in die Stadt Troja, um die Lage auszukundschaften. Bei dieser Gelegenheit ergriffen sie einen trojanischen Spion. Sie schleppten ihn ins Lager der Griechen, dort sollte er verhört werden. Die vornehmsten Offiziere wurden gerufen, Nestor, Idomeneus, der Telamonische Aias, selbstverständlich Agamemnon und auch Palamedes. Odysseus und Diomedes befragten abwechselnd den Gefangenen. Dabei kam es zu einem Zwischenfall, den später keiner der Anwesenden genau rekonstruieren konnte. Odysseus führte das Verhör hart, Diomedes spielte den Freundlichen; plötzlich packte Odysseus den Spion am Kragen, oder der Spion war aufgesprungen und gleichzeitig mit ihm Odysseus, sie kämpften miteinander, Diomedes versuchte dazwischenzugehen, angeblich habe der Spion einen Dolch gezogen, Nestor bezeugte das, ebenso Diomedes, Aias und Idomeneus sagten, sie hätten nichts dergleichen gesehen; Odysseus behauptete hinterher, er habe dem Mann den Dolch abgerungen – am Ende jedenfalls lag der Trojaner im Staub, und der Dolch steckte in seiner Brust. Der Tote wurde durchsucht, innen an seinem Gürtel wurde ein Brief gefunden.

Es war ein Dankesschreiben von Priamos, dem König von Troja, an Palamedes; Dank für die wertvollen Informationen, die er Troja zur Verfügung gestellt habe, und die Frage, ob der Lohn dafür inzwischen eingelangt sei.

Palamedes bestritt alles. Er lachte sogar. Die Sache sei absurd! Und tatsächlich glaubte keiner im Rat, was in dem Brief stand. Das heißt, es glaubte zwar niemand, weil sich keiner den Palamedes als Verräter vorstellen konnte, aber der Brief war nun einmal da. Die Stimmung war schlecht.

Da ergriff Odysseus das Wort. Er sprach: »Wir dürfen diese Angelegenheit nicht auf sich beruhen lassen. Nicht, weil ich glaube, Palamedes ist ein Verräter, sondern im Gegenteil. Ich möchte nicht, dass auch nur der geringste Makel an ihm haften bleibt. Palamedes ist einer unserer tapfersten und intelligentesten Offiziere, das hätte er nicht verdient! Ein Verdacht wird zum Gerücht, und am Ende zersetzt er die Moral der Truppe. Der Feind versucht, Unfrieden und Misstrauen zu säen. Das dürfen wir nicht zulassen!«

Agamemnon gab ihm recht, und Palamedes gab ihm recht und alle anderen auch. Keiner erinnerte sich mehr an die Szene am Strand von Ithaka, als Odysseus die

Herolde überlisten wollte; zu lange war das her, zu viel war inzwischen geschehen. Nun verteidigte Odysseus den Mann, der damals seine List aufgedeckt hatte, und niemand fand etwas dabei.

»Das viele Gold«, fuhr Odysseus fort, »von dem in dem Brief die Rede ist, wenn Palamedes es tatsächlich bekommen hat, muss es irgendwo sein. Er kann es hier weder einwechseln noch ausgeben. Und falls er tatsächlich ein Verräter ist, wird er sich hüten, es jemandem anzuvertrauen, damit er es aus dem Lager bringt. Also muss das Gold, falls es existiert, was ich bezweifle, im Lager sein.«

Er wandte er sich an Palamedes: »Verzeih«, sagte er, »ich will dir nichts unterstellen, aber ich möchte der Objektivität halber nicht ausschließen, dass die Möglichkeit besteht, das du uns belügst. Bist du einverstanden, dass wir eine Prüfung deines Zeltes vornehmen?«

»Natürlich bin ich einverstanden«, sagte Palamedes. »Wenn ihr nicht alle meine Sachen durcheinanderwerft.«

Der alte Nestor, König von Pylos, wurde beauftragt, die Durchsuchung zu leiten.

Odysseus hielt sich zurück, er weigerte sich, das Zelt des Palamedes zu betreten. »Nicht, dass der Verdacht aufkommt, ich hätte irgendetwas im Interesse meines Mandanten« – so nannte er Palamedes! – »manipuliert …«

Das Zelt wurde durchsucht, und unter der Pritsche fand man einen Beutel mit Gold. Odysseus protestierte, man solle nichts überstürzen, er schlug vor, beim nächsten Feldzug einen der trojanischen Offiziere gefangen zu nehmen und so lange zu verhören, bis er zugebe, dass eine Intrige gegen seinen Mandanten gesponnen worden sei. Aber Agamemnon hörte nicht auf ihn, er übergab Palamedes der Armee, und die Armee verurteilte ihn zum Tode. Palamedes wurde an Armen und Beinen gefesselt, vor die Mauern der Stadt Troja geschleift und gesteinigt. Odysseus blieb währenddessen in seinem Zelt.

Den angeblichen Brief des Priamos hatte Odysseus geschrieben, und er hatte ihn dem Späher während des inszenierten Kampfes zugesteckt. Das Gold hatte ihm Diomedes geschenkt, und Diomedes war es auch, der es unter der Pritsche des Palamedes vergraben hatte.

Nauplios, der Vater des Palamedes, rächte seinen Sohn, indem er die Frauen jener Helden, die sich an der Steinigung beteiligt hatten, zu Hause aufsuchte und sie anstiftete, sich einen Liebhaber zu nehmen – Meda, die Frau des Idomeneus, nahm den Leukos, Aigiale, die Frau des Diomedes, den Kometes und Klytaimnestra, die Frau des Agamemnon, den Aigisthos.

∞ ∞ ∞

Was für eine Niedertracht! Mit solch einem Ausruf ist alles gesagt. Mehr an Entrüstung, Empörung, Abscheu, ja Ekel kann man einer Sache wohl kaum entgegenbringen als durch diese Bekundung. Etwas oder jemanden als niederträchtig zu bezeichnen gehört zu den schärfsten moralischen Verdikten, die wir formulieren können. Der Niederträchtige ist nicht nur schlecht, missraten oder bösartig, er ist dazu auch noch hinterhältig und gemein, perfide, infam und mit allen Wassern gewaschen. Ja, die Niedertracht ist verdammenswert, und dies gilt für vergangene Zeiten so gut wie für unsere Gegenwart. Das Gespür dafür, was als niederträchtig zu bewerten ist, hat sich über die Jahrtausende kaum geändert. An einem antiken Mythos lässt sich die Struktur und Eigenart der Niedertracht deshalb immer noch am besten demonstrieren. Dass der Niederträchtige in dieser Geschichte anderenorts als Held gefeiert wird, tut dabei nichts zur Sache. Es gehört zu den zahlreichen verstörenden Aspekten der Niedertracht, dass sie, je nach den Umständen, wenn nicht gefeiert, dann doch billigend in Kauf genommen wird. Wenn sie uns, wenn auch über Umwege, nützt, hält sich unsere Verurteilung der Niedertracht auch schon einmal in engen Grenzen.

Was zeichnet die Niedertracht gegenüber anderen moralisch verwerflichen Handlungen eigentlich aus? Die Geschichte von Palamedes und Odysseus gibt darüber trefflich Auskunft. Die Exposition unserer Erzählung macht klar: Hier stehen sich gewissermaßen zwei ebenbürtige Konkurrenten gegenüber, beide klug, einfallsreich, intelligent. Palamedes wird durchwegs sympathisch gezeichnet, ein Wohltäter, ein Erfinder, der seine Kreativität und Innovationsgabe in den Dienst der Gemeinschaft stellt, in der er lebt. Ganz anders Odysseus: ein kalt berechnender, egozentrischer Charakter, kleinlich und rachsüchtig. Dass diese beiden im Zuge der Vorbereitungen des Krieges der Griechen gegen Troja miteinander in unerfreulicher Weise zu tun bekamen, bereitet die Folie, vor der sich die Dynamik der Niedertracht dann entfalten kann.

Die raffinierte Erklärung, die Odysseus ausgeheckt hat und die alle Werber um die Hand der schönen Helena unterschreiben mussten, nötigt uns noch heute Bewunderung ab. Als der Bündnisfall dann tatsächlich eintrat, wollte sich ausgerechnet Odysseus, der sich das alles ausgedacht hatte, entziehen. Palamedes war es, der dies durchschaut, aufdeckt und Odysseus so zwingt, wie alle anderen in den Krieg gegen Troja zu ziehen. Natürlich hätte sich Odysseus denken können: Ich habe versucht, mich einer Vereinbarung zu entziehen, die ich selbst vorgeschlagen habe, Palamedes hat mich durchschaut und mich an meine Vertragstreue erinnert, ich werde ihm dafür nicht gerade dankbar sein, aber er hat letztlich nur von mir das gefordert, was auch für alle anderen gilt. Zu solch einer geradezu kantianisch anmutenden Überlegung war Odysseus allerdings unfähig. Und dies nicht nur, weil Immanuel Kants Kategorischer Imperativ erst zweieinhalb Jahrtausende später formuliert werden sollte, sondern weil er Palamedes nicht verzeihen konnte, sein Verwirrspiel aufgedeckt und ihn damit blamiert zu haben. Nicht nur, dass Odysseus nun in einen Krieg ziehen musste, der ihm herzlich egal war – es war wohl vor allem die gekränkte Eitelkeit, die seinen Hass auf Palamedes schürte. Wie aber sich rächen, wenn man doch in einem Verband gegen einen gemeinsamen Feind bestehen soll?

Die Niedertracht beginnt mit einem Täuschungsmanöver. Anders als etwa Achill, der es nicht verbergen kann, wenn er zornig oder beleidigt ist, tut Odysseus so, als wäre nichts geschehen. Jahre um Jahre vergehen, nach außen hin ist alles in Ordnung, Palamedes hat die Angelegenheit wahrscheinlich schon längst vergessen, aber Odysseus sinnt noch immer auf Rache. Er wartet nur auf eine günstige Gelegenheit. Das mag man bis zu einem gewissen Grad noch verstehen, aber Odysseus geht es nicht um eine offene Auseinandersetzung. Er wollte nie Palamedes zur Rede stellen, denn dieser war ja aus der Perspektive der Griechen im Recht gewesen. Wer seine Rache- oder Vernichtungsgelüste gegen geltendes Recht durchsetzen will, muss zur Hinterlist greifen. Er wird niederträchtig. Odysseus, intelligent, wie er ist, wartet auf die Gunst der Stunde und erfindet dann das Medium der Niedertracht schlechthin: den fingierten Beweis. Es gelingt ihm, Palamedes etwas zu unterstellen und unterzuschieben, gegen das dieser nichts anderes mehr aufzubieten hat als seine Glaubwürdigkeit. Was aber zählt Glaubwürdigkeit angesichts eines kompromittierenden Briefes und angesichts des unübersehbaren Goldes? Nichts. Die grausame Hinrichtung des Palamedes will Odysseus gar nicht mehr sehen. Noch im Moment seiner triumphierenden Genugtuung gelingt es ihm, ob des vermeintlichen Verrats des Palamedes den betroffenen und erschütterten Kameraden zu mimen. So viel Niedertracht war selten.

Das Wesen der Niedertracht besteht nicht nur darin, durch infame Täuschungsmanöver dem Unrecht den Schein des Rechts zu geben, sondern auch in einer Strategie, die darauf abzielt, einen Menschen vor einer Öffentlichkeit in höchstem Maße zu kompromittieren. Die Niedertracht äußert sich nicht in einem einsamen Duell von Kontrahenten, bei dem der eine vielleicht zu unlauteren Mitteln greift, sondern in einer sozialen Umgebung, die dazu führt, dass jemand einen vollständigen Vertrauensverlust erleidet, in die soziale Isolation gedrängt wird und im schlimmsten Fall den Urheber davon gar nicht kennt. Auch Palamedes wird, während er zum Richtplatz geschleppt wurde, wohl darüber nachgedacht haben, wer ihn auf diese infame Art und Weise denunziert und dadurch sein Todesurteil proviziert hatte. Ahnte er, dass es nur Odysseus gewesen sein konnte? Oder hatte er so viele Neider, dass auch andere dafür in Frage gekommen wären?

Die Niedertracht ist aus der modernen Welt nicht verschwunden. Eher könnte man vom Gegenteil ausgehen. Die Möglichkeiten neuer Medien etwa geben der Niedertracht ganz neue Werkzeuge in die Hand, um ihr altes Geschäft betreiben zu können. Fingierte Beweismittel gehören genauso wie bestochene Zeugen zum üblichen Arsenal, wenn es darum geht, jemanden vom Recht ins Unrecht zu setzen. Man muss keine Briefe mehr fälschen, es genügt, einen E-Mail-Account zu kapern und unter falscher Adresse seine denunzierenden Nachrichten zu verbreiten; ein Computer ist schnell gehackt, und kompromittierendes Material kann auf jeder Festplatte platziert werden – von Hasspostings bis zur Kinderpornografie. Der Nachweis, es nicht gewesen zu sein, ist angesichts der niederträchtig eingesetzten avancierten Technologien gegenüber dem Fall des Palamedes wohl nicht einfacher geworden.

Die Niedertracht beherrscht auch – wie schon in der Antike – die große Politik. Um der Weltöffentlichkeit einen plausiblen Kriegsgrund zu präsentieren und nicht als Aggressor zu gelten, sondern als jemand, der sich verteidigen muss, war die Vortäuschung eines vermeintlichen feindlichen Angriffes schon immer eine beliebte, aber nichtsdestotrotz höchst niederträchtige Strategie. Adolf Hitler kaschierte seinen Überfall auf Polen durch einen fingierten polnischen Angriff. Nicht schießen, sondern nur zurückschießen – es gehört zum Wesen der Niedertracht, dass sie einer Untat ein moralisches Mäntelchen umhängen will. Beliebt ist auch der fingierte »Hilferuf«, der eine Aggression zu einer humanitären Intervention umdeuten will. Berühmt geworden ist diese Strategie während des »Prager Frühlings« des Jahres 1968, als die Truppen des Warschauer Paktes solch einem fingierten Ruf folgten und den renitenten Tschechen und Slowaken »brüderliche Hilfe« angedeihen ließen und damit die Reformpolitik Alexander Dubčeks abrupt und brutal beendeten.

Solche Niedertracht beschränkt sich nicht auf totalitäre Systeme. Auch die freie Welt ist davor nicht gefeit. Um einen Angriffskrieg in Vietnam zu rechtfertigen, fingierte Präsident Johnson schon im Jahre 1964 einen Überfall Nordvietnams auf amerikanische Schiffe im Golf von Tonkin. Nicht minder niederträchtig – auch wenn man die damit verbundenen politischen Ziele unterstreichen möchte – war das Lügengebäude, mit dem der Weltöffentlichkeit der irakische Diktator Saddam Hussein als Produzent von Massenvernichtungswaffen präsentiert wurde, was dem Zweiten Irakkrieg den Anstrich internationaler Legitimität geben sollte. Sicher, Saddam war kein Palamedes. Die Methode des vorgetäuschten, fingierten, gefälschten und unterschobenen Beweises wurde mit großem technischen Aufwand aber auch hier betrieben, und es waren nicht einige Heerführer, die von fingierten Beweismitteln überzeugt werden sollten, sondern der UN-Sicherheitsrat. Das besonders Niederträchtige an der Niedertracht liegt aber dann auch darin, dass dort, wo der Zweck aus politischen oder moralischen Gründen begrüßt werden kann, dieser offenbar auch die Mittel dazu heiligt. Das lässt den Niederträchtigen seit Odysseus immer wieder triumphieren.

Die antike Erzählung von der Niedertracht des Odysseus kennt allerdings ein Nachspiel. Der Vater des hingerichteten Palamedes ersinnt eine vielleicht ebenso niederträchtige Strategie, um den Sohn zu rächen, eine Strategie, die den Keim der Eifersucht und des Hasses in die Familien der Mörder des Palamedes hineintragen wird, eine Saat des Grauens, die zu Gatten- und Muttermord führen wird. Aber das ist eine andere Geschichte. Keine andere Geschichte aber ist die Variante, die uns Vergil in seiner *Äneis* vom Schicksal des Palamedes anbietet. Danach wäre alles das, was Palamedes durch

Odysseus widerfahren sei, selbst eine fingierte Geschichte gewesen, die ein Grieche, der sich nach dem vermeintlichen Rückzug seiner Landsleute von den Trojanern gefangen nehmen ließ, diesen erzählte, um ihr Vertrauen zu erschleichen. So sollten die Trojaner dazu gebracht werden, das hölzerne Pferd, das die Griechen vor den Toren Trojas zurückgelassen hatten, in die Stadt zu holen. Das hatte, wie wir wissen, den Untergang Trojas zur Folge. Stimmte diese Variante – es wäre der Gipfel der Niedertracht!

TEUFELSPAKT
Eine Traumhochzeit

Wo war es, als sie ihn zum ersten Mal sah? Am Abend auf der Brücke? Oder von ihrem Fenster aus, als er am Morgen sehr früh über die Gasse ging zum Bäcker, um für sich und seine Mutter Semmeln einzukaufen, seine Mama liebte frische Semmeln zum Frühstück, mit Butter und Honig darauf. Nein, sie glaubte, auf der Brücke habe sie ihn zum ersten Mal gesehen. Es war ein Abend im Sommer gewesen, und sie war am Fluss entlangspaziert, und als sie zur Brücke kam, sah sie einen Mann, der stand oben und schaute auf das Wasser, und er sah sie und winkte ihr zu, und sie winkte zurück. Und ein paar Tage später – so war's – sah sie ihn unten auf der Gasse, und wieder trafen sich ihren Blicke, und wieder winkten sie einander zu.

An das dritte Mal erinnerte sie sich genau. Sie schob ihr Fahrrad, weil sie so viele Sachen auf den Gepäckträger geladen hatte und fürchtete, sie könnte das Gleichgewicht verlieren. Sie hörte seine Stimme hinter sich, er rief ihren Namen. Er bot ihr an, das Fahrrad zu schieben. Sie fragte ihn, woher er wisse, wie sie heiße. Er lachte verschmitzt. Er habe seine Informanten, sagte er. Da verliebte sie sich in ihn. Aber eigentlich hatte sie sich schon in ihn verliebt, als sie ihn oben auf der Brücke und unten auf der Gasse gesehen hatte.

Jeden Tag trafen sie sich, er lud sie zum Essen ein in ein Restaurant, das war von nun an ihr Lieblingsrestaurant; er stellte sie seiner Mutter vor, die sehr lieb zu ihr war; sie stellte ihn ihrer Familie vor, alle wussten, wie ernst es ihnen beiden war, und alle waren einverstanden und freuten sich mit ihnen.

Sie beschlossen zu heiraten.

Noch nicht ein einziges Mal hatten sie sich gestritten, und es sah nicht aus, als wäre nun die Zeit auch dafür gekommen. Er hieß Albert, sie hieß Martha. Albert wünschte sich eine große Hochzeit, alle seine Freunde wolle er einladen, seine Arbeitskollegen, die Nachbarn. Das waren viele. Und Martha wollte alle ihre Freundinnen einladen und auch ihre Kollegen und Kolleginnen und die Nachbarn und natürlich ihre große Familie, sie hatte fünf Geschwister, und sie waren alle älter als sie und verheiratet und hatten Kinder. Albert mietete den Saal des größten Gasthauses, der Koch sollte das beste Essen machen, das er konnte, und der Wirt den besten Wein aus dem Keller holen.

Am Morgen fand die Trauung statt, anschließend zog die Gesellschaft von der Kirche zum Gasthaus. Alle waren gekommen, niemand hatte bei sich gedacht, ich muss, alle hatten sich gefreut, ich darf kommen. Dann wurde gegessen und getrunken und gesungen und getanzt, und Albert tanzte mit jeder Frau, und Martha tanzte mit jedem Mann, so gehörte es sich. Und dann war später Abend, und die Gäste verabschiedeten sich, weil sie das glückliche Paar allein lassen wollten. Jedem gaben Albert und Martha die Hand. Zum Schluss sagte Albert zu Martha, die nun seine Frau war: »Ich werde die Mama noch nach Hause bringen, dann komme ich zu dir.«

Martha wollte noch eine Weile im Hochzeitssaal bleiben, um über den Tag nachzudenken, der doch der glücklichste in ihrem Leben war und immer bleiben würde; da sah sie an einem der Tische einen Mann sitzen. Er war schwarz gekleidet und hatte einen Hut auf dem Kopf. Sie kannte ihn nicht; zu ihren Leuten gehörte er nicht, und sie glaubte auch nicht, dass er zu Alberts Leuten gehörte.

Sie trat zu ihm. »Kann ich Ihnen behilflich sein?«, fragte sie.

Er drehte sich zu ihr und sah sie an, und Martha meinte, noch nie einen so traurigen Blick gesehen zu haben.

»Nein, helfen kannst du mir nicht«, sagte er.

»Ich bin Martha«, sagte sie. »Ich war heute die Braut,

gleich kommt mein Bräutigam, er bringt nur noch seine Mutter nach Hause.«

»Ich weiß«, sagte der Mann.

»Und darf ich fragen, wer Sie sind?«

Der Mann sah sie lange an, dann sagte er: »Ich bin der, der dir sehr weh tun wird.«

Martha erschrak, und alles Blut wich aus ihrem Gesicht, und ihr war, als hätte sie es gewusst, als sie ihn dort sitzen sah – dass dieser Mann ihr sehr weh tun würde.

»Ich bin der Tod«, sagte der Mann.

»Und was willst du?«, flüsterte sie.

»Ich bin gekommen, um deinen Mann zu holen, Martha.«

Da weinte Martha und flehte und kniete sich vor den Tod nieder, fragte, wer das angeordnet habe und was sie tun müsse, damit dieses böse Urteil rückgängig gemacht werde.

»Gib nicht mir die Schuld«, sagte der Tod. »Ich bin nur der Vollstrecker. Ich führe aus, was mir Gott befiehlt. Aber lass dir sagen, Martha, es tut mir leid, denn ich habe nie ein größeres Glück gesehen als eures, und wenn ich könnte, ich würde aufstehen und gehen und euch ein langes Leben gönnen.«

»Und wenn ich Gott bitte?«, fragte Martha.

»Versuch es«, seufzte der Tod. »Aber ich sage dir, er hat

sich zurückgezogen hinter hundert Vorzimmer, und in jedem Vorzimmer sitzt ein strenger Engel, den du erst überzeugen musst.«

»Ich will es versuchen«, sagte Martha.

»Aber beeil dich«, sagte der Tod, »denn ich habe Befehl, deinen Mann noch heute Nacht zu holen.«

Martha lief in die Kirche und kniete vor dem Altar nieder und betete und gelangte zum ersten Vorzimmer Gottes und überredete den Engel und wurde zum zweiten Vorzimmer vorgelassen und überredete auch diesen Engel, und auch im dritten Vorzimmer hatte sie Glück, und so ging es weiter bis zum fünfzigsten Vorzimmer, aber weiter kam sie nicht. Nein, weiter kam sie nicht.

Traurig und verzweifelt kehrte sie in die Gaststube zurück, wo der Tod wartete.

»Ich weiß«, sagte er nur.

»Gibt es denn gar nichts, was ich tun kann, damit mir mein Mann nicht genommen wird?«, fragte Martha.

»Ich darf es dir eigentlich nicht raten«, sagte der Tod, »aber weil mich euer Schicksal so rührt, will ich es doch tun.« Er zeigte mit seinem dünnen Finger nach unten auf die Erde. »Bitte ihn.«

»Wen?«

»Den Teufel.«

»Und muss ich mich bei ihm auch durch hundert Vorzimmer betteln?«

»Nein. Der kommt sofort, wenn du ihn rufst.«

Und Martha rief ihn. Und er kam sofort.

Der Teufel stieg aus dem Boden, grüßte freundlich und doch sachlich, er hatte ein angenehmes Äußeres, gepflegt, aber ein Geck war er nicht, und schmierig, schleimig, scheinheilig, schweinisch war er auch nicht. Ein Geschäftsmann war er.

»Was willst du?«, fragte er.

»Dass Albert und ich ein langes Leben haben«, sagte Martha, »dass wir Kinder haben und Enkel haben.«

»Das kann alles geschehen«, sagte der Teufel. »Den Preis kennst du?«

»Die Seele willst du«, sagte Martha, und sie hatte Angst.

»Ja«, sagte der Teufel.

»Dann will ich dir meine Seele dafür geben«, sagte Martha.

Der Teufel lächelte nicht, aber es hörte sich an, als ob er lächelte: »Ja, eine Seele will ich, das ist richtig«, sagte er. »Aber deine Seele will ich nicht, deine nicht, nein.«

»Welche denn?«

»Die Seele deines Mannes will ich.«

»Dass Albert in die Hölle kommt?«

»Oder der Tod nimmt ihn noch heute mit.«

Martha wollte nachdenken. Da lächelte der Teufel nun doch. Er wusste, wenn jemand bei so einem Angebot nachdenken will, dann hat er, der Teufel, schon gewonnen. Und so war es.

»Aber wie kann ich mit Albert ein Leben lang zusammen sein und weiß zugleich, dass ich ihn dir ausgeliefert habe?«

»Du wirst es vergessen«, sagte der Teufel. »Erst in deiner letzten Stunde wird dir wieder einfallen, was du getan hast. Aber bedenke: eine Stunde Gram für ein langes glückliches Leben!«

Da schlug Martha ein. Der Teufel verschwand im Boden, und der Tod verließ den Saal. Und da kam auch schon Albert zurück. »Es hat ein bisschen länger gedauert«, sagte er und küsste sie. »Mama war glücklich und traurig, und ich habe sie getröstet.«

Martha umarmte ihren Mann. »Ich habe gern auf dich gewartet«, sagte sie, und was eben erst geschehen war, hatte sie schon vergessen.

So lebten Martha und Albert lange und glücklich. Sie hatten zwei Kinder und vier Enkel, und die Kinder waren gut geraten und die Enkel ebenso. Martha und Albert waren ihr Leben lang freundlich zu jedermann gewesen, sie hatten den Armen Almosen gegeben, und gegen die Ungerechtigkeit in der Welt hatten sie sich zur Wehr gesetzt; sie hatten den Müll getrennt und von Öl auf Pellets umgestellt und waren mit dem Auto nur gefahren, wenn es unbedingt nötig war. Und dann waren sie alt, und eines Tages wusste Martha, dass ihre letzte Stunde geschlagen hatte, denn mit einem Mal erinnerte sie sich an den Pakt, den sie vor so vielen Jahren im Hochzeitssaal mit dem Teufel geschlossen hatte. Da weinte sie und lief wieder in die Kirche und fiel vor dem Altar auf die Knie und verhandelte mit den Engeln, und ihre Verzweiflung war so groß, dass sie es diesmal durch alle hundert Vorzimmer schaffte vor den Thron Gottes.

»Ich weiß alles«, sagte Gott, »halte mich nicht mit Einzelheiten auf.«

»Was kann ich tun?«, fragte Martha. »Ich bin bereit, dem Teufel meine Seele zu geben, die Seele einer Frau, die ein gerechtes Leben geführt hat.«

»Die wird er nicht wollen«, sagte Gott. »Die hätte er ja damals schon haben können. Biete ihm eine Seele, die nicht nur ein gerechtes Leben geführt hatte, sondern ganz und gar unschuldig ist.«

»Gibt es so eine Seele?«, fragte Martha.

»Etwas anderes kann ich dir nicht raten«, sagte Gott, und da waren auch schon die hundert Engel zur Stelle, und sie führten Martha durch die hundert Vorzimmer hinaus, und Martha verließ die Kirche und war nicht weniger verzweifelt als zuvor.

Und als sie durch die Stadt lief, sah sie ein brennendes Haus, viele Menschen standen darum herum, und sie hörte eine Frau schreien. In dem Haus sei ihr Kind, schrie die Frau, es sei noch ein Baby, es könne sich selbst nicht retten. Da überlegte Martha nicht lange, sie achtete nicht auf die Flammen, die schon aus der Tür schlugen, lief über die Treppe hinauf, hörte das Weinen des Kindes, die Hitze brannte auf ihrer Haut, sie erreichte das Zimmer, die brennende Decke drohte einzustürzen. Sie nahm das Kind in den Arm und wollte mit ihm hinaus aus dem Haus – aber da überlegte sie nun doch: Diese Seele, dachte sie, diese Seele ist unschuldig, sie hat noch nicht gelebt. Was ist Leben? Ist Leben nicht die Erinnerung daran? Aber dieses Kind erinnert sich noch an nichts. Wenn ich es jetzt fallen lasse … niemand wird mir einen Vorwurf machen können … Dann aber lief sie weiter, kümmerte sich nicht um Flammen und Glut und rettete das Kind.

Gibt es den Teufel? Was für eine Frage! Die Schreckgestalten, mit denen die Religionen ihre Gläubigen bedrohten, sind nicht einmal mehr für Theologen ein Thema. Auch wenn laut Umfragen mehr Menschen an den Teufel als an Gott glauben, gilt dem aufgeklärten Bewusstsein die Gestalt des Teufels als Inbegriff einer falschen Deutung existenzieller Grundbefindlichkeiten. Als Inkarnation des Bösen und Gegenspieler eines guten Gottes kratzt der Teufel an einem Selbstverständnis des Menschen, das das Böse nur als historisch oder kulturell bedingte, sozial, genetisch oder hirnphysiologisch determinierte Abweichung von der Norm kennen will, vielleicht ein Defekt, aber keine eigenständige Kraft. Und doch wird man bei diesem Gedanken nicht recht froh, denn es drängt sich Mephistos zynische Bemerkung auf: Den Bösen sind wir los, die Bösen sind geblieben. Was aber, wenn das Teuflische gar nicht so sehr mit dem Bösen, sondern auf tragisch-vertrackte Weise mit dem Guten verschwistert ist?

Alles beginnt mit einer Traumhochzeit. Ein verliebtes Paar, das sich findet, dem nichts in den Weg gestellt wird, das eine helle Zukunft erwarten darf. Doch die Hochzeitsnacht wird zum absoluten Schrecken. Die frisch vermählte junge Frau muss erfahren, dass ihr Mann noch in dieser Nacht sterben wird. Der Tod, der ihr dies kundtut, ist weder grausam noch ein Zyniker. Eher melancholisch erfüllt er seine Pflicht, geht seiner unangenehmen Arbeit nach. Und er weiß, dass er ein blühendes Leben vernichten muss und eine junge und aufrichtige Liebe zerstören wird.

Alles in Martha, der jungen Frau, rebelliert gegen diesen Schicksalsschlag. In dieser traurigen Szene, in der Martha im verlassenen Festsaal allein dem Tod gegenübersitzt, verdichtet das Märchen eine existenzielle Erfahrung des Menschen: die der Kontingenz. Es gibt keinen Grund, warum Albert jetzt sterben muss, es gibt keinen Zusammenhang, in dem dieser frühe und plötzliche Tod einen Sinn bekommen könnte, es ist Zufall, Schicksal, eine Absurdität. Und hinter dieser Absurdität kommt eine schreiende Ungerechtigkeit zum Ausdruck, die Ungerechtigkeit des Daseins selbst: Warum er und nicht ein anderer? Warum jetzt und nicht später? Die Güter des Lebens sind ungleich verteilt, die Natur kennt weder Chancengleichheit noch das Prinzip einer ausgleichenden Gerechtigkeit. Martha macht im Märchen das, was zu den Kontingenzbewältigungsstrategien des modernen Menschen schlechthin gehört: Sie lehnt sich gegen das Schicksal auf. Allerdings stehen ihr dafür nicht politische Programme, Wissenschaft und Technik zur Verfügung, sondern es bleibt beim verzweifelten Versuch, mit dem Tod über das Leben des soeben Angetrauten zu verhandeln. Und das wird nicht einfach.

Dieses Märchen steht auf eigenartige Weise an der Schnittstelle zwischen einer noch religiös gefärbten Deutung der Welt und einer modernen, nihilistischen Grundhaltung. Der religiöse Mensch glaubt, der Kontingenz und Sinnlosigkeit des Daseins durch die Überantwortung desselben an einen unerforschlichen göttlichen Ratschluss zu entgehen. Martha wendet sich zwar, einer Empfehlung des Todes folgend, an Gott. Aber nicht, um dessen grausame Entscheidung über Tod und Leben zu akzeptieren, sondern um ihn umzustimmen. Aber was ist das für ein Gott, den das Märchen hier zeichnet! Es ist ein unnahbarer, unendlich ferner Gott, ein wahrer *Deus absconditus,* verborgen und geschützt vor den Bitten und Gebeten der Menschen, seiner missratenen und misslungenen Schöpfung, von dieser durch unzählige von Engeln bewachten Kammern getrennt, er hat sich zurückgezogen in die fernste Ferne. Zu diesem Gott kann Martha nicht vordringen. Er hat kein Ohr mehr für die Nöte der Menschen. Vielleicht ist er aber auch nur seiner Schöpfung überdrüssig.

Doch der Tod weiß noch einen anderen Weg. Er empfiehlt, den Kontakt zu Gottes altem Gegenspieler, zum Teufel, aufzunehmen. Zu diesem muss der Weg nicht gefunden werden, er ist sofort da. Das Märchen enthält so nebenbei eine kleine und durchaus anregende Phänomenologie des Diabolischen. Prompte Wunscherfüllung, Präsenz und stets zu Diensten – was wie ein Werbespot für digitale Assistenten klingt, beschreibt allerdings eine Facette des Teuflischen. Dass dies im Fall der universell gewordenen digitalen Dienstleistungsgesellschaft nicht ganz ohne Bedeutung ist, wissen wir spätestens seit den Skandalen um Datendiebstahl, Wahlbeeinflussung und Wohnzimmerspionage durch *Social Bots* und intelligente Einrichtungsgegenstände.

Der Teufel dieses Märchens kommt nicht aus der Hölle, sondern aus einem Business-Center. Er benötigt – das wusste schon Goethes Mephisto – weder Pferdefuß noch Hahnenfeder, er ist ein Geschäftsmann. Er lässt nicht nur mit sich handeln, sondern der Handel ist Ausdruck seines Wesens. Martha weiß dies, und sie weiß, dass bei jedem Handel für das, was man bekommen will, ein Preis zu bezahlen ist. Der Teufel rechnet nicht in materieller, sondern in immaterieller Währung. Es geht ihm um Seelen oder, um es ein bisschen flapsig zu formulieren, um metaphysische *Bitcoins* – wobei digitale Kryptowährungen ohne Metaphysik ohnehin nicht denkbar sind. So weit, so gut. Das eigentlich Diabolische bei diesem Handel besteht nun darin, dass der Teufel bereit ist, Albert zu einem glücklichen Leben an Marthas Seite zu verhelfen, dafür aber nicht Marthas, sondern Alberts Seele verlangt. Damit stürzt er Martha in ein veritables philosophisch-ethisches Problem.

Sich selbst für das Glück eines anderen zu opfern erscheint uns nach wie vor als Inbegriff eines moralischen, altruistischen, selbstlosen und damit tugendhaften Handelns; sich selbst für das gemeinsame Glück mit einem anderen zu opfern ist zwar nicht ganz frei von Egoismus, aber immerhin bezahlt derjenige die Rechnung, der für solch eine Entscheidung auch die Verantwortung trägt. Aber was bedeutet es, einen anderen für das eigene oder das gemeinsame Glück zu opfern? Der Teufel liebt solche Antinomien. Martha muss sich entscheiden, ob sie bereit ist, für ein glückliches Leben mit Albert dessen ewige Seligkeit dem Teufel zu überantworten. Eine faszinierende Variante von Pascals berühmter Wette, in der aber nur die eigene, irdische, begrenzte Lust gegen die Möglichkeit der ewigen Seligkeit aufgerechnet wurde. Hier geht es aber um die Seligkeit eines anderen Menschen.

An dieser Stelle drängen sich einige Fragen auf: Wieso kann Martha über die Seele ihres Mannes verfügen? Und wieso kann der Teufel sich die Seele von Albert nicht einfach nehmen? Dieser Handel hat zwei merkwürdige Voraussetzungen: Es ist die Liebe, die Martha offenbar die Verfügbarkeit über Alberts Seele gibt; und der Teufel kann sich wohl nur Seelen holen, die in gewisser Weise schuldig geworden sind. Indem Martha Alberts Seele, die ihr durch seine Liebe geschenkt wurde, dem Teufel verspricht, wird sie selbst auch schuldig. Der Teufel hat ein gutes Geschäft gemacht: Am Ende klingeln zwei Seelen in seinem Kasten. Die Frage aber, wie aus emotionaler Nähe die Verfügungsgewalt eines Menschen über einen anderen erwächst, beunruhigt auch in einer Welt ohne Teufel.

Martha entscheidet sich, wie sich wahrscheinlich viele von uns entscheiden würden: für das irdische Glück.

Dass der Teufel sie vor peinigenden Gewissensqualen bewahrt, indem er die Erinnerung an diesen Handel aus ihrem Gedächtnis streicht, spricht für seine Humanität. All unser Glück auf Erden, so könnte man zugespitzt formulieren, beruht darauf, dass wir einfach vergessen, welchen Preis wir bereit waren, dafür zu zahlen. Und dies ist ein weiterer entscheidender Aspekt einer Phänomenologie des Diabolischen: das Versprechen, unser Gedächtnis zu entlasten. Du musst dir nichts mehr merken, du musst nichts mehr wissen, du kannst alles vergessen, denn irgendwo, weit weg, ist alles archiviert, ausgelagert, nur bei Bedarf abrufbar. Aber was heißt hier Bedarf? Das Prinzip der *Cloud* hat der Teufel als Erster entdeckt. Und nur zu willig lagert Martha ihre Erinnerung in die teuflische Wolke aus. Aber auslagern bedeutet nicht löschen. Wie das Internet vergisst auch der Teufel nichts. Und das gilt auch umgekehrt: Ein vollständiges elektronisches Gedächtnis wäre selbst teuflisch.

Die Erinnerung kommt zurück. Was bedeutet das Glück ihrer Ehe mit Albert, was bedeutet ein rechtschaffenes, politisch korrektes, ökologisch bewusstes und moralisch einwandfreies Leben, wenn es sich einem Pakt mit dem Teufel verdankt, der nichts vergisst und am Ende kommt, um seinen Tribut zu fordern? Martha muss es kurz vor ihrem Tod ein wenig wie jenen Menschen gegangen sein, denen in hohem Alter plötzlich die

Sünden ihrer Jugend präsentiert werden und damit dem gelebten Leben das Fundament entzogen wird. Und noch einmal kämpft Martha um Alberts Seele, will diese dem Teufel entreißen, um dem gemeinsamen Leben die Würde zu erhalten. Nun dringt sie gar bis zu dem unnahbaren Gott vor, der aber nur eines mitteilen kann: *Pacta sunt servanda.* Auch der Pakt mit einem Teufel muss eingehalten werden. Der moralisch prekäre Zustand eines Vertragspartners rechtfertigt keinen Vertragsbruch. Dies gilt für Geschäfte mit Diktatoren so gut wie mit dem Teufel. Die einzige Hilfe, die Gott, der hier nahezu als Anwalt des Teufels auftritt, geben kann, liegt in dem Hinweis, dass der Teufel auch ein anderes Zahlungsmittel akzeptieren könnte: die Seele eines unschuldigen Kindes.

Lassen wir es dahingestellt, warum das Märchen präfreudianisch an die kindliche Unschuld glaubt. Es ist damit auf der Höhe unserer Zeit, denn auch uns ist diese Unschuld mittlerweile wieder heilig. Teuflisch an dieser Variante ist aber eher das moralische Dilemma, in das Martha nun gerät: Sie muss eine klassische Güterabwägung vornehmen – die ewige Seligkeit ihres Gatten gegen die irdischen Lebensperspektiven eines Neugeborenen. Sie entscheidet sich, wie könnte es anders sein, für das Leben des Kindes. Vielleicht, so mag sie bei sich gedacht haben, ist der Teufel ja doch nur eine Einbildung und die ewige Seligkeit vielleicht eine nützliche Illusion, ein bloßes Postulat der praktischen Vernunft wie auch die ewige Verdammnis. Mehr als dieses Leben gibt es nicht, und mit jedem Neugeborenen wird in dieser Welt ein neuer Anfang gesetzt, eine neue Möglichkeit eröffnet. Zumindest Hannah Arendt hätte diese Gedanken Martha ins Ohr flüstern können. Albert allerdings weiß weder, warum er länger gelebt hat, als er hätte leben sollen, noch, warum er einer ewigen Verdammnis ausgesetzt wird, die jener Mensch für ihn ausgehandelt hat, den er geliebt hat wie niemanden sonst auf dieser Erde. Albert bleibt Objekt und Spielball von Kräften, die er weder kennt noch durchschaut. Weder sein Glück noch seine Verdammnis verdankt er sich selbst.

Dieser Teufelspakt hat es in sich. Und es ist ein Pakt, den wir, ohne eines Teufels noch zu bedürfen, jederzeit bereit sind abzuschließen. Wenn es darum geht, der Endlichkeit und Kontingenz des Daseins die Stirn zu bieten, wenn es darum geht, den Menschen aus Krankheit, Leid und Tod zu befreien, wenn es darum geht, den blinden Zufall der Natur durch Planbarkeit, Sicherheit und Vorhersagbarkeit aufzuheben, ist uns jedes, aber auch jedes Mittel recht. Im Vertrauen darauf, dass wir das Gute wollen – den Wohlstand, den Fortschritt, das Wachstum, die Gerechtigkeit, die Gleichheit, den Gewinn und die Unsterblichkeit –, riskieren wir die Zukunft dieser Erde. Wie im Teufelspakt dieses Märchens erkaufen wir unser Glück mit den Lebenschancen der anderen, der Nachgeborenen. Und wie Martha hoffen wir, dass das Leben sich fortsetzt, auch wenn wir es längst verspielt haben.

VERRAT

Samson und Delila

Wo er auftauchte, war er zuvor angekündigt worden. Manchmal war er angekündigt worden, und er tauchte nicht auf. Dann stellte sich heraus, jemand hatte nur von ihm geträumt. Er war einer, der sogar in den Träumen der Menschen gegenwärtig war, und meistens waren es Albträume.

Samson war ein Riese. Wenn einer, der ihm begegnet war, von ihm erzählte, dann glaubten ihm die Leute nicht, sie schalten ihn, er übertreibe; aber wenn sie ihn dann selber sahen, wurde ihnen von der Natur das Wunder vorgeführt: Er war noch größer und noch gewaltiger, als er angekündigt worden war. Da zitterten sie vor Angst und forderten die Wachen auf, sich zu bewaffnen mit allem, was ihnen zur Verfügung stand. Er habe alle Eigenschaften, die ein Mensch haben könne, hieß es, er beherrsche jedes Handwerk, er könne reiten wie keiner, er wisse alle Rätsel zu lösen, er sei grausam wie eine Hyäne, unbarmherzig wie die bösen Affen, unzugänglich wie eine Schlange. Wenn ihm jemand widerspreche, sehe er ihn nur an, und schon verdorre dem Aufmüpfigen die Zunge. Alles könne er, wurde gesagt, nur eines nicht: lieben. Und weil er niemanden auf der Welt liebe, fürchte er sich auch vor niemandem. – Vor so einem musste man zittern.

Die da zitterten, waren die Philister.

Dabei waren es die Philister, die Samsons Volk beherrschten und unterdrückten. Samsons Volk war Israel. Er war einer aus dem Stamm Dan. Vor seiner Geburt, so wurde erzählt, sei seiner Mutter ein Engel erschienen und habe ihr diesen Sohn verheißen, der Israels Schmach rächen werde, und er habe ihr den Befehl Gottes übergebracht, sie dürfe ihrem Sohn niemals die Haare schneiden.

Samson war stark und klug, kein Kind war stärker und klüger als er, und er wuchs schneller als alle anderen, schon als Knabe war er größer und stärker als die Männer des Stammes, und die Männer des Stammes Dan galten als die größten und stärksten unter den Israeliten. Und er ließ sich bald nichts mehr sagen, von niemandem, von seiner Mutter nicht, von seinem Vater nicht. Das Leben seiner Leute langweilte ihn, er wollte die Welt kennenlernen. Die Welt, das waren die Städte der Philister. Dorthin brach er auf.

Unterwegs erkundigte er sich nach den Sitten der Philister, er wollte einer von denen sein. Es hieß, wenn ein Fremder die Stadt zu betreten wünsche, dann müsse er einen guten Grund dafür angeben, sonst lassen ihn die Torwächter nicht hinein. Was denn ein guter Grund sei, fragte Samson. Der beste Grund, wurde geantwortet, sei, wenn er angebe, er wolle heiraten. Denn in den Städten der Philister lebten zu viele Frauen, außerdem – so starke Männer wie ihn könne jede Stadt brauchen. Nur auf seine Haare solle er aufpassen, die wallenden, schönen, die könnten Neid erregen bei Männern wie bei Frauen. Und, wurde er dazu noch gewarnt, wenn er ohne Geschenk komme, werde keine Frau ihn auch nur ansehen, und er werde aus der Stadt verwiesen. Samson streifte durch den Wald und traf auf einen Löwen, der brüllte, als ob er ihn verschlingen wolle, der sprang auf ihn zu. Samson zerriss ihn, wie ein anderer ein zartes Böcklein zerrissen hätte. Im Bauch des Löwen fand er einen Bienenstock, den nahm er mit als Geschenk.

Er wählte eine Frau aus den vielen, die sich ihm anboten. Für seine Familie war er ein Verräter. Kein Israelit, der auf sich hielt, heiratete eine Philisterin. Bei der Hochzeitsfeier kam es zu einem Streit, einer wollte ihm eine Haarlocke abschneiden, dem rammte Samson die Schere in die Brust. Die Philister entführten daraufhin seine Braut und schändeten sie. Samson fing eine Herde Füchse ein, hundert rote Hunde, zündete ihre Schwänze an und trieb sie in die Felder vor der Stadt und brannte alle Frucht nieder und brannte auch die Häuser der

Übeltäter nieder und tötete viele von ihnen und trat alles nieder, was sich ihm in den Weg stellte.

Da zitterten die Philister wieder vor ihm.

Samson kehrte zu den Israeliten zurück, aber nicht zu seinem Stamm, sondern zum Stamm Juda. Dort wurde er freundlich aufgenommen. Er erzählte, was geschehen war, und warnte, die Philister würden kommen, um ihn zu holen. Und so war es auch. Dreitausend Philister kamen, die besten Soldaten, und sie verlangten die Herausgabe von Samson. Die tapferen Männer vom Stamm Juda aber wollten Samson nicht ausliefern. Er selbst riet ihnen, es zu tun.

»Wenn ihr euch weigert«, sagte er, »werden sie euch vernichten. Wenn nicht jetzt, dann später.« Sie sollen ihn fesseln, er werde vorspielen, sie hätten ihn gefangen genommen, um ihn gegen Lösegeld an die Philister zu verkaufen.

Die Philister bezahlten und führten Samson ab. Er sollte in die Hauptstadt gebracht und dort hingerichtet werden. Als sie durch eine Schlucht zogen, zerriss er seine Fesseln, erwürgte den Esel, auf dem er ritt, und erschlug mit dessen Kieferknochen tausend Philister. Die anderen flohen, stolperten übereinander, schreiend, zitternd vor Angst. Zu Hause erzählten sie, was geschehen war, und die Kunde von dem Riesen Samson mit den wallenden Haaren und seiner übernatürlichen Kraft verbreitete sich im ganzen Land und weit darüber hinaus.

Nun wurde Samson von den Seinen glücklich aufgenommen, denn er hatte den Feind geschlagen, sie verziehen ihm, dass er eine Philisterfrau heiraten wollte. Er wurde Richter und war zwanzig Jahre lang ein guter, kluger, besonnener Mann, der seine Kraft nicht missbrauchte und niemandem jemals drohte. Aber dann eines Tages zog es ihn wieder in die Stadt, und er machte sich auf den Weg.

An einem Brunnen traf er eine Frau, die gab ihm Wasser zu trinken und Fladen zu essen, und er verliebte sich in sie. Es war zum ersten Mal in seinem Leben, dass er sich verliebte, und darum verliebte er sich so sehr, dass er alles um sich herum vergaß.

Die Frau hieß Delila.

Die einen sagen, auch Delila habe sich verliebt. Die anderen sagen, nein, sie war gar nicht dazu fähig, ihr Herz sei kalt und hart und klein gewesen. Da sagen die einen, nein, das Herz von Samson sei klein und hart und kalt gewesen, das wisse jeder bis heute. Ja, schon, sagen die anderen, bis zu der Stunde, als er Delila beim Brunnen sah, sei es so gewesen, aber dann habe sich Samson verliebt, und zwar so heftig, wie er mächtig und groß war, und alle Sehnsucht und alle Begierde, die so viele Jahre im Versteckten in ihm gewachsen seien, hätten in diesem Augenblick den Ausgang gefunden und die Vorsicht und das Misstrauen und den Verstand weggeschwemmt. Samson habe nur noch die reizende Larve der Frau gesehen und nicht ihr böses, berechnendes Herz.

Ich glaube, sie waren beide ineinander verliebt. Sie konnten nicht genug voneinander kriegen. Man habe ihnen Essen und Trinken vor die Schwelle legen müssen, sonst wären sie in ihrer Leidenschaft füreinander verhungert und verdurstet. Und nicht nur Samson habe sich zwingen müssen, zu essen und zu trinken, auch Delila. Niemand will aus Böshaftigkeit und Berechnung verhungern und verdursten. Deshalb glaube ich, auch sie war verliebt.

Die Philister aber waren ratlos. Da lag ihr schlimmster Feind mit ihrer schönsten Frau im Bett, und sie konnten nichts tun. Sie wagten nicht einmal, laut seinen Namen auszusprechen. Sie hatten Angst. Sie zitterten. Mit dem Kieferknochen eines Esels als einziger Waffe hatte er einst tausend starke Männer erschlagen. Gegen die Kraft und Gewalt dieses Mannes gab es kein Mittel.

Aber worin gründete die Kraft? Er war größer als alle anderen. Gut. Er hatte kräftigere Muskeln. Gut. Aber damit war nicht erklärt, wie er allein tausend bestens ausgebildete Soldaten hatte töten und zweitausend in die Flucht schlagen können. Was war das Geheimnis seiner Kraft?

Delilas Mutter wurde geschickt. Sie solle mit ihrer Tochter die Hochzeit besprechen. Sie solle sagen, es sei bei den Philistern Sitte, dass zu diesem Gespräch der zukünftige Ehemann nicht zugelassen sei.

Als sie von Samson getrennt war, nahmen die Anführer der Philister Delila beiseite.

»Du sollst alles haben, was du willst«, sagten sie. »Auch ihn sollst du haben. Aber du darfst dein Volk nicht in Gefahr bringen. Er hat uns schon einmal vernichtet. Er kann es wieder tun. Die Welt braucht so einen starken Mann nicht. Wozu? Fürs Bett reicht doch auch ein Zehntel seiner Kraft. Krieg heraus, worin seine Stärke gründet!«

Nicht nur einmal drängten sie Delila. Schließlich gab sie nach. Sie fragte Samson: »Warum bist du so stark?«

»Warum willst du das wissen?«, fragte er dagegen.

Delila wurde bedrängt, und sie drängte. Irgendwann sagte sie zu Samson: »Ich will mich nicht mehr zu dir legen, wenn du es mir nicht verrätst.«

Und wieder fragte er: »Warum willst du es wissen?«

»Weil ich deine Frau werde, und weil Mann und Frau alles voneinander wissen sollen. Auch ich werde dir jede Frage beantworten.«

Samson meinte, bereits alles über Delila zu wissen, und so gab er sein Geheimnis preis.

»Meine Haare«, sagte er. »Es sind meine Haare.«

In derselben Nacht, als Samson schlief, fielen die Philister über ihn her und schoren ihn. Und banden ihn. Und drückten ihn nieder. Delila stand dabei. Die einen sagen, sie habe geweint. Die anderen sagen, sie habe nicht geweint. Die einen wie die anderen sagen, sie habe sich abgewandt, weil sie den Blick ihres Geliebten nicht ertragen konnte.

Sie stachen Samson die Augen aus und gaben ihm Tritte und schlugen ihn mit Peitschen und stachen ihn mit Spießen. Er drehte sich im Kreis, aber nicht, um einen seiner Widersacher zu erwischen, er rief nach Delila. Die Wunden taten ihm nicht weh, weh tat sein Herz. Dass ihn Delila verraten hatte, tat weh.

Die Philister feierten ein großes Fest. Wer Samson besiegt, besiegt alle. Wer Samson in Ketten hält, beherrscht die Welt. Bei diesem Fest sollte der gefallene, geknebelte, gedemütigte Feind der Welt vorgeführt werden. Der Palast war voller Männer und Frauen, vorne auf prächtigen Thronen saßen die Fürsten der Philister. Auf dem Dach waren dreitausend Männer und Frauen, die zusahen, wie die Soldaten mit dem blinden, in Ketten geschlagenen Samson ihre Späße trieben. Das Gelächter habe man bis weit in die Wüste hinein hören können.

Mitten in Hohn und Spott sank Samson auf die Knie und rief zum Gott seines Volkes: »Herr, Herr, denke an mich und gib mir Kraft, Gott, noch dies eine Mal, damit ich mich für meine beiden Augen einmal räche an den Philistern!«

Er erhob sich, brüllte, wie kein Löwe je gebrüllt hatte auf Erden, und sprengte die Ketten. Dann umfasste er die beiden Mittelsäulen der Halle, auf denen der Palast ruhte, die eine mit seinem rechten Arm und die andere mit seinem linken, und stemmte sich gegen sie und rief:

»Ich will sterben mit den Philistern!«

Und sein Gott gab ihm alle Kraft zurück. Das Haus fiel auf die Fürsten und auf das Volk, auf die Männer, die Frauen, die Kinder, und es waren mehr Tote, die Samson durch seinen Tod tötete, als die er zu seinen Lebzeiten getötet hatte.

Wir lieben den Verrat, nicht aber die Verräter. Dieser Gaius Julius Caesar zugeschriebene und gerne zitierte Satz enthält in sich schon die ganze Ambivalenz, die den Verrat durchzieht. Menschen, die andere Menschen verraten, finden wir treulos, unzuverlässig, hinterhältig, verachtens- und verdammenswert; den Verrat hingegen, der uns auch zugutekommen kann, von dem wir unter Umständen profitieren, wollen wir nicht so ohne weiteres der philosophischen Verdammnis aussetzen. Zu oft erscheint im privaten Leben wie in der Weltgeschichte ein Verrat als treibende Kraft, als Ereignis, das dem Schicksal eine entscheidende Wende gibt, mitunter sogar – man denke an manche politische Konstellationen – als moralisch gebotene Tat, die den Verräter dennoch nicht makellos zurücklässt.

Warum ist dies so? Der Verrat in seiner vollen Bedeutung kann nur dort geübt werden, wo es Nähe, Intimität und ein Vertrauensverhältnis gibt. Den Feind kann man nicht verraten, wohl aber kann man den Freund an den Feind verraten. Verrat setzt ein positives soziales Verhältnis voraus, eine enge erotische oder familiäre Beziehung, die Teilhabe an einer politischen oder religiösen Gemeinschaft, die Mitgliedschaft in einem Verband, die Mitarbeit in einem Unternehmen. Der Verräter kann seinen Verrat nur begehen, weil er sich in einem Naheverhältnis befindet, das er nun ausnützt und in sein Gegenteil wendet. Ohne Bindung und Beziehung kein Verrat. Das macht den Verrat ja so verdammungswürdig: Es wird nie nur eine Person, ein Geheimnis, eine Sache verraten, sondern immer die Idee einer Beziehung oder Gemeinschaft damit diskreditiert. Man kann so die Liebe eines Menschen verraten, man kann ein bestimmtes Standesethos verraten – »Der Verrat der Intellektuellen« –, man kann ein gemeinsames politisches Ziel verraten – »Wer hat uns verraten? Sozialdemokraten!«. Aber schon das letzte Beispiel zeigt, wie rasch die Einschätzung einer Strategie als Verrat sich ändern kann.

Über die moralische Bewertung des Verrats und damit auch über das Ansehen des Verräters entscheiden zahlreiche Faktoren. Etwa die Motive, die zum Verrat geführt haben, oder der moralische Status der Beziehung oder der Gemeinschaft, die durch den Verrat geschädigt wird. Derjenige, der um eines materiellen Vorteils willen verrät, wird anders beurteilt als derjenige, der aufgrund einer Überzeugung den Verrat begeht; verabscheuungswürdig finden wir denjenigen, der eine von uns moralisch positiv bewertete politische Gruppierung oder Bewegung verrät, als Held feiern wir vielleicht den *Whistleblower*, der endlich die üblen Machenschaften eines Konzerns oder Nachrichtendienstes freilegt. Dass die Beurteilung eines Verrats so sehr von der Situation abhängen kann, provoziert allerdings bei jedem Verrat die Frage nach dem sozialen und politischen Umfeld, nach den Umständen, unter denen der Verrat geschehen ist. Ob und wann dann ein Verrat im vollen Sinne des Wortes als verdammenswert erscheint, ist allerdings viel seltener eindeutig klar, als uns vielleicht lieb sein möchte. Die biblische Geschichte von Samson und Delila demonstriert dies eindringlich. Umso erstaunlicher, dass diese Episode in den Geschichten des Verrats selten prominent erwähnt wird, es scheint, als würden die biblischen Verräter alle durch Judas in den Schatten gestellt.

Beginnen wir mit Samson. Er ist durch göttliche Fügung zu Großem bestimmt. Samson teilt einige Eigenschaften mit anderen Heldenfiguren der Antike. Seine sprichwörtliche, übernatürlich anmutende Kraft, die es ihm erlaubt, einen Löwen mit bloßen Händen zu zerreißen und Tausende mit einem Eselsknochen zu erschlagen, ähnelt der Stärke des Herakles. Er ist der Schrecken seiner Feinde und, auch dies ein Kennzeichen vieler Helden, äußerst leicht reizbar. Gleichzeitig setzt er sich über Konventionen hinweg, demonstriert und unterstreicht allenthalben seinen Ausnahmestatus. Dieser verdankt sich allerdings keiner Laune der Natur, sondern gehört zu einem göttlichen Plan, dem Samson unterstellt ist. Die Motive für seine späteren Gewalttaten sind dabei durchaus unterschiedlich. Er tötet aus persönlichen Gründen, manchmal aus nichtigem Anlass, aber auch, um sein Volk aus der Knechtschaft zu befreien.

Und Samson, wie auch viele andere Helden der Mythologie, hat eine Schwäche für Frauen. Vor allem, und dies wird ihm zum Verhängnis, begehrt er die Frauen seiner Feinde. Er will sich mit einer von ihnen schon als junger Mann verbinden, das betrachtet sein Volk als Verrat. Auch Samson beginnt als Verräter, und erst als er unter den Philistern wütet, kann ihm dieser Verrat nachgesehen werden und er ein hohes politisches Amt antreten.

Doch auch noch zwei Jahrzehnte später kommt Samson nicht los von den Frauen der Feinde. Und in eine verliebt er sich tatsächlich: Delila. Ob sie ihn ebenfalls geliebt hat? Wir wollen unserem Erzähler trauen, und dies einmal annehmen. Dann reihten sich Samson und Delila ein in den Reigen jener Liebespaare, die aus feindlichen Lagern zueinanderkommen und doch keine Erfüllung finden: Weder können sie ihre entzweiten Völker oder Familien in den Frieden führen, noch winkt ihnen ein stilles, privates Glück.

Samson will Delila sogar heiraten, und die Philister wittern ihre Chance. Es geht darum, das Geheimnis von Samsons Kraft zu entschlüsseln. Mit den klassischen Helden teilt Samson nämlich noch eine andere Eigenschaft: Auch seine Kraft ist nicht unbegrenzt. Er ist verwundbar, er hat eine Schwachstelle. Und er weiß darum. Was für Achill die Ferse, für Siegfried das Schulterblatt, für Superman das Kryptonit, ist für Samson das lange Haar. Dieses ist zwar – anders als die Ferse und das Schulterblatt – Symbol und geheime Quelle seiner übermenschlichen Kraft, damit aber auch das Zeichen seiner Verletzlichkeit. An Samson zeigt sich die Einheit von Stärke und Schwäche. Der Grund seiner Stärke ist auch der Ausdruck seiner Schwäche: das Haar. Wer ihn schwächen will, muss sich seiner Haare bemächtigen. Das kann aber nur jemand, dem es gelingt, sich in solch ein intimes Verhältnis zu ihm zu setzen, dass er das Geheimnis enthüllen und das Haar abschneiden kann. Das kann und wird nur einer Frau möglich sein. Und Delila wird diese Frau sein.

Warum genau Delila sich dazu instrumentalisieren ließ, wissen wir nicht. Unser Erzähler berichtet nur, dass sie dem wiederholten Drängen der Philister irgendwann einmal nachgab. Und dadurch wurde sie zu einer der großen Verräterinnen der Weltliteratur. Sie hat Samson sein Geheimnis entlockt und dieses an seine Feinde weitergegeben. Möglich, dass man sie bestochen hat und sie den Verlockungen des Goldes gefolgt war; möglich, dass sie einfach nicht stark genug war, dem Drängen und Drohen der Priester auf Dauer Widerstand zu leisten; möglich aber auch, dass sie selbst davon überzeugt war, ihr Volk vor dem Mann, den sie liebte, schützen zu müssen. Dann wäre Delila in einer tragischen Konfliktsituation gewesen, schwankend zwischen erotischem Begehren und politisch-moralischer Pflicht. Je nachdem, welche Motive wir dieser schönen Frau unterstellen, ändert sich auch die Beurteilung ihres Verrats.

Wollte man sich einmal den Standpunkt der Philister zu eigen machen, könnte man auch in Delila eine Heldin sehen, die ihr aufkeimendes erotisches Begehren dementieren muss, um eine politische Mission zu erfüllen. Indem sie sich überwindet, überwindet sie ihren Feind und schützt damit ihren Gott ebenso wie ihr Volk. Dieses Narrativ hat allerdings keine Wirkmächtigkeit entfalten können, auch wenn sich daran einiges über das Verhältnis von Macht und Eros hätte ablesen lassen. Dass Samson, der Starke, Unbesiegbare, der Schrecken seiner Feinde, besiegt werden kann, weil ihn sein erotisches Begehren manipulierbar macht, dass die entfesselte Sexualität alle politische Vernunft, praktische Klugheit und strategische Vorsicht vergessen lässt, gehört zu den unüberbietbaren Einsichten dieser Episode. Samson könnte auch das Urbild eines Antihelden sein, der seine Aufgabe nicht erfüllen kann, weil ihm seine Gefühle in die Quere kommen. Erst damit aber bereitet er den Weg für den Verrat. Denn dieser setzt auch eine Schwachstelle des Verratenen voraus. Überhaupt zeigt diese Geschichte: Der vermeintlich Starke, also Samson, ist eigentlich schwach, denn er kann sein Begehren nicht zügeln. Und niemand ist andererseits so schwach, dass er nicht imstande wäre, Strategien der Macht zu entwickeln. Delila nutzt Samsons Schwäche, seine Liebe zu ihr, um ihn dann auch als Mann und Krieger ohnmächtig zu machen.

Stark wäre unter Umständen Delila, die ihre Gefühle im Griff hat und ihrem Ziel unterordnen kann. Nehmen wir einmal an, Delila handelte aus Überzeugung. Ihr Gott ist aus moderner Perspektive nicht schlechter als jeder andere Gott, und dass sie an Samson die Toten rächen will, die dieser in ihrem Volk hinterlassen hat, könnte als eine politische Mission gedeutet werden, der sie sich mit allen Mitteln, die ihr zur Verfügung stehen, unterwirft. Aber rechtfertigt das Ziel die Mittel, zu denen der Betrug, die Täuschung, die Falle, die Hinterlist und die Simulation von Liebe gehören? Und wenn die Liebe keine Simulation war: Rechtfertigt dieses Ziel den Verrat an dem Geliebten? Denn diese Liebe und nur sie war die Voraussetzung dafür, dass Samson sein Geheimnis offenbarte. Er vertraute der Frau, die er liebte. Und dieses Vertrauen wurde enttäuscht und zu seinem Verhängnis.

Natürlich könnte man versuchen, Delila zu verteidigen, indem man unterstellt, sie wäre von den Philistern selbst betrogen worden. Es war ihr ja versprochen worden, dass sie Samson, wenn auch geschwächt, behalten dürfe. Für so naiv wollen wir sie nicht halten. Sie wusste, was geschehen würde, als sie sich entschloss, das Geheimnis, das sie nun kannte, an Samsons Feinde weiterzugeben. Sie war keine Verräterin aus Versehen, sie war eine Verräterin im vollen Bewusstsein ihrer Tat. Und deshalb verletzte dieser Verrat Samson mehr als die Blendung und die Qualen, die nun die jubilierenden Feinde seinem Körper zufügten. Dass Samson am Ende, wenn auch um den Preis des eigenen Lebens, noch einmal triumphieren und alle mit in seinen Tod reißen darf, könnte aus dieser Perspektive weniger als heroische Tat, denn als Gnade des Erzählers gewertet werden.

Über eines aber schweigt diese Geschichte: Was geschah mit Delila, der Verräterin? War auch sie unter den Toten? Oder entkam sie und musste mit ansehen, wie ihr Verrat zum Gegenteil von dem führte, was damit intendiert gewesen war? Und wenn sie entkam und dies mit ansehen musste: Verspürte sie Scham, Reue, Trotz oder doch auch so etwas wie Genugtuung darüber, dass ihr Verrat den Philistern nicht den erhofften Sieg, sondern den massenhaften Tod gebracht hatte? Wir wissen es nicht. Wie sehr wir aber ihren Verrat verurteilen, hängt davon ab, welche Motive wir ihr zuerkennen wollen: Zerrissen in einem Konflikt zwischen vermeintlicher Pflicht und emotionaler Neigung mag sie uns vielleicht sogar rühren; als kühle Simulantin einer Liebe, die nur den Boden für den Verrat bereiten sollte, mögen wir sie verurteilen. Dann aber wäre sie immerhin eine der großen bösen Frauen der Mythologie. Ihrer Faszination werden wir uns in beiden Fällen nicht entziehen können. Und das ist das Schlimme am Verrat: Es gibt ihn in Varianten, zu denen nicht nur Gemeinheit, sondern auch Größe gehören. Wir müssen diese Größe nicht bewundern – aber sollen wir sie immer verdammen?

VERGEWALTIGUNG
Die Gottessöhne

Als sich die Menschen zu vermehren begannen, sahen die Gottessöhne, wie schön die Menschentöchter waren, und sie nahmen sich von ihnen Frauen, wie es ihnen gefiel.

Die Gottessöhne wollten sich nicht ernähren von dem Guten, das Gott in der Welt erschaffen hatte, den Früchten, dem Getreide, den Beeren, dem Brot. Die Gottessöhne zwangen sich, Steine zu essen, weil sie dem Guten und den Verführungen Gottes widerstehen wollten. Und weil sie ewig leben wollten. Steine gibt es überall. Sie gewöhnten sich an die Steine als ihre einzige Speise, und die Steine machten sie groß und stark.

Die Anführer der Gottessöhne hießen Schemchasai und Asael. Die beiden waren die gewaltigsten Riesen, die je gelebt haben. Ein einziger Wimpernschlag, und die Erde erbebte.

Da hat ihnen Gott die Flügel genommen. Denn in den Flügeln lag ihre Kraft. Aber Schemchasai und Asael und ihre Genossen haben nur gelacht und haben ihre Riesenfäuste gegen den Himmel geschüttelt. Sie haben sich selbst die Haut aus dem Leib geschnitten und haben sie gegerbt und ausgewalzt und haben sich daraus neue Flügel gebaut. Auf das rohe Fleisch an ihrer Brust und ihrem Rücken haben sie sich Panzer aus Bronze geschlagen, nun fühlten sie keinen Schmerz mehr, kein Speer, kein Pfeil konnte sie durchbohren.

Aus Höllenwut und schwarzem Blut und Himmelssehnsucht waren die neuen Flügel zusammengesetzt, und sie verfinsterten das Gemüt der Gottessöhne, sodass kein Strahl Mitleid sie mehr erreichen konnte. Der Schatten ihrer Flügel lag über dem Land als Zeichen ihrer Macht. Die Menschen blickten in den Himmel und suchten am Tag die Sonne. Sogar die sternenlose Nacht verfinsterten die Flügel, denn sie waren schwärzer noch als die Schwärze.

Schemchasai, der General, spottete allen Gesetzen Gottes. Vom Berg herunter schaute er und sah die Menschenmänner, winzig, arm, schwach, hilflos, und er verachtete sie. Die Frauen aber gefielen ihm. Er konnte sie riechen. Er sah sie gehen. Er sah sie sich bücken. Er sah sie liegen. Er sah sie sich strecken. Er sah sie sich räkeln. Er sah, wie sie die Augen aufschlugen und wie sie den Mund öffneten. Er sah, wie sie ihre Männer umarmten, und hörte, wie sich zwei Liebende liebevolle Worte zuflüsterten. Am meisten gefiel ihm, dass der Mann nichts gegen ihn, den Gottessohn, ausrichten konnte. Er riss den Mann von der Frau und erschlug ihn mit einem Stein. Dann zwang er die Frau unter sich und tat ihr Gewalt an.

»Die Rechnung schick an deinen Schöpfer!«, höhnte er und ließ sie liegen.

Asael, der Adjutant des Generals, hatte zugesehen, und das Spielchen hatte ihm gefallen, und er sah, dass die arme Frau eine Schwester hatte, die war ebenso schön, ebenso anmutig, die roch ebenso gut. Ihr zuzusehen, wie sie sich reckte und streckte, wie sie ging und sich bückte, weckte seine Gier, und er griff mit seinen kalten harten Händen in ihr Haus hinein und zerrte sie heraus und schleppte sie in seine Höhle, und man hörte die Frau schreien bis in die Nacht hinein. Am Ende riss er ihr bei lebendigem Leib die Haare samt Haut vom Kopf als Schmuck an seinem Gürtel.

Tausend Mann war das Heer der Gottessöhne stark, und da war keiner unter ihnen, der besser gewesen wäre als ihre Anführer. Die Horden zerhackten die Menschen, mischten Kalk darunter, verdünnten alles mit Blut und Kot und überschwemmten die Felder, bald waren ganze Städte leer, die Häuser traten sie nieder mit ihren bloßen Füßen.

Nie zuvor waren solches Entsetzen, solche Angst, solches Leid gewesen. Die Frauen trauten sich nicht zu klagen, denn sie fürchteten sich vor dem Schlimmeren, das dem Schlimmsten folgen könnte. Denn das Schlimmste würde nicht das Schlimmste sein. Damals wurde das Wort »Nein« erfunden, aber ausgesprochen wurde es nicht.

Nur eine war da, die wollte nicht stumm sein. Istahar war ihr Name. Sie war erst siebzehn. Und sie war die schönste von allen Menschenfrauen. So schön war sie, dass keiner aus dem Heer der Gottessöhne sie einem anderen zugestanden hätte als dem General.

Und Schemchasai kam und schlug mit der Faust an ihre Tür.

Istahar öffnete und sagte: »Mann, wer bist du nur?«

Aber sie war schöner, anmutiger, so mutiger, als Schemchasai vom Berg aus meinte gesehen zu haben, und er war verwirrt und fragte: »Wer denkst du denn, dass ich bin?«

»Wer denkst du, dass du bist?«, fragte die schöne, anmutige, mutige Istahar dagegen.

»Sag du es mir!«, antwortete Schemchasai.

Und Istahar sagte: »Wer bist du nur, dass du so bist? Kann es sein, dass in dir nichts anderes ist als das Böse, das du tust? Kann es sein, dass sonst nichts in dir ist? Das glaube ich nicht. Das kann ich nicht glauben.«

»Ich verstehe dich nicht«, sagte Schemchasai.

Asael, sein Adjutant, beobachtete den General vom Berg oben aus. Und auch die anderen Gottessöhne beobachteten ihn. »Was tut er?«, fragten sie sich. »Warum steht er vor dem Haus und spricht mit der Frau? Warum spricht er nur mit ihr und tut nichts mit ihr?« Und sie wussten nicht, was in ihren General gefahren war.

»Du verstehst mich nicht«, sagte Istahar zu Schemchasai. »Ich versteh dich nicht. Also haben wir etwas, was gleich ist. Du und ich. Ich und du.«

Da zerbrach der Stein in der Brust des großen bösen Kriegers, der Stein, der dort saß anstatt eines Herzens aus Fleisch und Blut.

»Ich verspreche dir, ich werde dir nichts tun«, sagte er. »Meine Hände werden dich nicht berühren, wenn du es nicht willst. Und wenn du nicht willst, dass ich dich ansehe, werde ich mich abwenden. Mein Auge ist aus Stein. Es soll dir nicht wehtun. Du sagtest: Mann, wer bist du nur? Ich bin der Mann, der Leid über euch gebracht hat wie keiner vor mir. Ich habe eure Mütter und Väter weinen gemacht wie keiner vor mir. Ich habe der Welt jede Hoffnung genommen wie keiner vor mir. Ihr werdet ewig jammern, weil ich euch jeden Stolz und jede Würde genommen habe. Und du fragst mich, wer ich bin? Ob nichts anderes in mir ist als das Böse? Ich bin das Tier, das am Ende der Zeiten, wenn die Posaunen das Ende verkünden, am Horizont steht und sucht, wen von euch es verschlingen könnte. Und du sagst, du glaubst nicht, dass nur Böses in mir ist? Kann es sein, dass dich diese

Kreatur, die ich bin, rührt? Kann es sein, dass du mit diesem Verdammten, der ich bin, Mitleid hast? Bitte, antworte mir!«

Schemchasai hat »Bitte« gesagt. Die Gottessöhne oben auf dem Berg haben es gehört. Der General hat sich verliebt!

»Ich meine«, spricht Istahar nun weiter zu ihm und schaut zu Boden wie eine scheue Braut, »ich meine, tief in deinem Inneren sitzt ein Kindchen, das weint, weil es kein Zuhause hat, weil sich keiner Sorgen um das Kindchen macht, weil es keine Farben in deinem Herzen gibt, weil dein Herz aus Stein ist. Wer zeigt dem Kindchen, dass Liebe den Hass besiegen kann? Armer Mann, trauriger Mann. Vielleicht kann ich dir ein Lied singen und das Böse aus deinem Herzen vertreiben, Mitleid und Liebe in einem Akkord ...«

Die Gottessöhne oben auf dem Berg haben es gehört, Asael ruft: »General, was ist mit dir! Hau sie, zerbrich sie, spuck sie an, tret ihr in den Bauch, verbrenn ihr die Haut im offenen Gesicht! Aber liebe sie nicht!«

Zu spät, der Stein ist zersprungen.

»Wenn du es wünschst«, sagte Schemchasai zu Istahar, »dann geh ich, dann befehle ich meinem Heer, sich zurückzuziehen, dann verschwinden wir und werden nie wieder kommen.«

Aber das will Istahar nicht. Sie schaut Schemchasai in

die Augen und lockt ihn mit dem Finger, ihr zu folgen. Und Schemchasai folgt ihr.

In der Nacht zuvor war ihr nämlich der Erzengel Michael erschienen, der Adjutant Gottes. Und er hat lange mit Istahar gesprochen. »Es ist nicht damit getan, dass sich das Böse zurückzieht«, predigte er ihr. »Es ist nicht genug, wenn das Böse verschwindet. Auch wenn es nie wieder zurückkehrt, ist es nicht genug. Das Böse muss vernichtet werden. Und es muss dem Bösen wehtun!«

So hell hat der Erzengel geleuchtet, dass Istahar die Vorhänge zuziehen musste, sonst hätte sein Strahlen das ganze Tal erhellt. Und so hässlich die Gottessöhne sind, so schön ist der Erzengel Michael, Haar wie Gold, Haut wie Mehl. Und der stärkste von allen Engeln ist er auch. Und Michael hatte einen Plan, und die Jungfrau war bereit, allein dem Bösen entgegenzutreten, und koste es ihr Leben. Denn ob sie mit dem Leben davonkommt, das sei nicht garantiert.

»Du wirst ihn umgarnen, den elenden Sauhund, den verreckten. Er stinkt wie Aas und ist hässlich wie ein Loch, voll Rotz eines Pestkranken, aber du wirst allen Ekel überwinden, du wirst ihm schmeicheln, du wirst tun, als rührte dich sein Schicksal. Sag ihm, dass es gerade die Gefallenen sind, die Bösen, die dich am meisten rühren, weil ihnen das größte Unrecht angetan wurde. Er wird dir glauben, denn er ist voll Eitelkeit und Selbstmitleid. Und wenn du siehst, dass er weich geworden ist, dann nimm ihn an der Hand, sag, er sei der stolzeste Cherub, spare nur nicht mit Schöntuerei, nimm ihn an der Hand und zieh ihn hinter dir her zum Berg, wo die Höhle ist. Dann sag ihm, er soll die Flügel vom Rücken schnallen. In den Flügeln liegt nämlich seine Kraft. Er soll die Flügel vom Rücken schnallen und die Bronzepanzer von der Brust und vom Rücken. Sag, Flügel und Panzer stören beim Lieben, sag, die Menschenfrauen und die Menschenmänner seien gewohnt, sich nackt zu paaren. Erzähl ihm irgendwelche Märchen, dass die Liebe von einem zum anderen nur dann fliegt, wenn Haut auf Haut liegt, oder etwas Ähnliches. Er wird es glauben. Er ist verrückt nach dir. Führe ihn in die Höhle, führe ihn weit hinein. Und wenn ihr angekommen seid, dann dreh dich um, Istahar, dreh dich um und lauf, lauf, lauf, so schnell du kannst, lauf um dein Leben, vielleicht schaffst du es ja.«

Denn wenn der Böse, der elende Sauhund, der verreckte, erst tief im Inneren des Berges ist, ohne seinen Bronzepanzer, ohne seine Flügel aus eigener Haut, dann werde er, Michael, zusammen mit den anderen Erzengeln Gabriel, Raphael, Uriel den Berg zusammenstampfen, dass nur eine Ebene übrig bleibt von Horizont zu Horizont.

Der Erzengel setzte einen Vertrag auf, und Istahar unterschrieb mit ihrem Namen, und sie hat ihre Sache gut gemacht. Aber sie ist nicht schnell genug gelaufen. Sie hat das Stampfen der Erzengel nicht überlebt. Und ist unter demselben Berg begraben, unter dem Schemchasai, ihr Liebhaber, begraben wurde.

∞ ∞ ∞

Über das Verdammenswerte von Vergewaltigungen braucht eigentlich kein weiteres Wort verloren zu werden. Menschen gegen ihren Willen und unter der Androhung von Gewalt zu sexuellen Handlungen zu zwingen gilt nicht nur unserer Zeit als besonders verwerfliche Handlung. Das Unrechtmäßige dieser Handlung liegt dabei in einer ganz besonderen Form der Gewalt. Bei einem Raubüberfall zum Beispiel geht es dem Täter in erster Linie um das Geld, Verletzungen des Opfers nimmt er in Kauf; bei einem Kampf geht es um Sieg oder Niederlage, die Verletzung des Gegners ist ein Mittel, um dieses Ziel zu erreichen; dem Vergewaltiger jedoch geht es ausschließlich um den erzwungenen Zugang zu den intimen Körperzonen eines anderen Menschen. Radikal wie selten im Bereich zwischenmenschlicher Interaktion wird damit nur eines signalisiert: Du bist nichts als das Objekt meiner Lust. In der Vergewaltigung wird der Mensch paradigmatisch ausschließlich als Mittel zu einem Zweck gebraucht, jede Form der Autonomie, die sich in Zustimmung oder Ablehnung äußern könnte, ist durchgestrichen. Jede Vergewaltigung ist deshalb auch eine Demütigung. Gerade das macht sie auch als Waffe etwa im Zuge von Kriegshandlungen so geeignet. Dem Besiegten wird vorgeführt, wie sehr er besiegt worden ist. Er ist nur noch Beute, Gegenstand, Objekt, bis hin zur Auslöschung seines Menschseins.

Das Perfide der Vergewaltigung aber liegt in ihrer Nähe zum Liebesakt. Dass durch eine sexuelle Handlung größte Intimität, eine Übereinstimmung von Personen, ein Ausdruck von Hingabe und Verehrung genauso ausgedrückt werden kann wie die Zerstörung jeder Intimität, die Demütigung und Verachtung des anderen, wirft einen langen Schatten auf die Geschichte der Liebe überhaupt. Ganz von Gewalt ist diese nie zu trennen, und sei es nur, dass sie als der pointierte Gegenbegriff zu dieser wahrgenommen wird. Dazwischen aber eröffnen sich immer wieder Zonen, die das Oszillieren zwischen Liebe und Gewalt zu einem irritierenden Flimmern bringen.

Genau davon handelt unsere Geschichte. Verstörend schon, dass alle Gewalt von den Gottessöhnen ausgeht. Gottessöhne – das waren doch die Engel des Herrn! Und diese werden uns nun als gewaltige und gewalttätige, grausame, schlechterdings böse Krieger präsentiert, die sich die Menschenfrauen nehmen, wie es ihnen beliebt.

Diese Erzählung rekurriert wohl auf eine dunkle Stelle in der Genesis, in der es heißt: »Als aber die Menschen sich zu mehren begannen auf Erden und ihnen Töchter geboren wurden, da sahen die Gottessöhne, wie schön die Töchter der Menschen waren, und nahmen sich zu Frauen, welche sie wollten.« Ohne dass dies in der Bibel direkt angesprochen würde, wurden die Menschen, und dazu gehören wohl auch die von den Gottessöhnen gezeugten, so bösartig, dass Gott beschloss, sie durch eine Sintflut von der Erde wieder zu vertilgen – nur Noah fand Gnade vor seinen Augen. Die Geschichte der Gottessöhne, die sich über die schönen Menschenfrauen hermachen, gehört so auch zur biblischen Urgeschichte des Bösen.

Aber worin ist das Böse begründet? Alles Böse, so lehrte es Aurelius Augustinus, gründet in einem Hochmut, der glaubt, sich Gott gegenüber auflehnen und behaupten zu können. Offenbar waren nicht erst Adam und Eva, sondern auch schon die Engel des Herrn nicht frei von diesem Hochmut, Luzifer gehörte ja zu jenen Lichtgestalten, die sich der Finsternis anverwandelten. Auch die Gottessöhne unserer Geschichte sind wohl abgefallene, widerständige Engel, deren Abkehr von Gott doppelt prekär ist, da sich dieser Hochmut mit einer Kraft paart, der offenbar nicht einmal Gott selbst etwas entgegenzusetzen hat. Als Gott ihnen die Flügel nimmt, in denen sich ihre Kraft verbirgt, reißen sie sich die Haut vom Leib und machen sich daraus neue. Aus Höllenwut und schwarzem Blut sind diese zusammengesetzt, aber auch aus Himmelssehnsucht. So tief können sie gar nicht sinken, dass sie nicht über sich hinauswachsen möchten. Diese Kraft aber gewinnen sie, weil sie es gelernt haben, sich mit dem wenigsten zu begnügen und all das Gute, das die von Gott geschaffene Welt für sie bereithält, zu verschmähen. Alle Ambivalenz des Bösen drückt sich in diesem kleinen Hinweis aus: Das Böse hat mit Rebellion, mit Auflehnung, mit der Sehnsucht nach Autonomie und Unabhängigkeit zu tun. Auf sich allein gestellt zu sein und alles sich selbst verdanken zu wollen: Nötigt uns das nicht auch Bewunderung ab? Und ist die Erscheinungsform der damit verbundenen Freiheit und Selbstbestimmung notwendigerweise jenes Böse, das sich letztlich gegen den Menschen selbst richtet?

Das Böse der Gottessöhne zumindest drückt sich in einer Grausamkeit aus, die zum Selbstzweck geworden ist, zur Lust, die nichts anderes genießt als die Demonstration der eigenen Macht und Willkür. Schemchasai und Asael genießen diese Macht in vollen Zügen, Mitleid oder Empathie ist ihnen fremd. Sie sind auch keine Menschen, ihre Unmenschlichkeit speist sich aus den Quellen der Selbstermächtigung, die den anderen nur als Objekt, nicht als Gegenüber, als Du betrachten und behandeln kann. Von ferne erinnern diese rücksichtslosen Gottessöhne an Friedrich Nietzsches Phantasma der »vornehmen Rassen«, die sich in der Fremde und Fremden gegenüber wie Raubtiere verhalten, »frohlockende Ungeheuer, welche vielleicht von einer scheußlichen Abfolge von Mord, Niederbrennung, Schändung, Folterung mit einem Übermute und seelischen Gleichgewichte davongehen, wie als ob nur ein Studentenstreich vollbracht sei«. Damit ist der Gemütszustand – sofern hier von Gemüt überhaupt noch gesprochen werden kann – der Gottessöhne doch gut umrissen.

Das Vergewaltigen und Schänden, das Rauben und Morden hätten kein Ende gehabt – gäbe es nicht immer Möglichkeiten des Widerstands. Unsere Erzählung verlegt diese Möglichkeit wieder in das Spannungsfeld von Gewalt und Liebe. Der Anführer der Gottessöhne hätte kein Problem, sich auch die schönste der Menschenfrauen, Istahar, zu unterwerfen. Sie aber macht das, womit er nicht gerechnet hat: Sie verstrickt ihn in ein Gespräch; sie fragt ihn danach, wer er denn eigentlich sei; ob denn nichts aus ihm spräche als das Böse. Und dann fällt der entscheidende Satz: »Du verstehst mich nicht«, sagte Istahar zu Schemchasai. »Ich versteh dich nicht. Also haben wir etwas, was gleich ist. Du und ich. Ich und du.« Indem Schemchasai dieses »Ich und du« akzeptiert, nimmt er sein Gegenüber zum ersten Mal nicht mehr als Gegenstand wahr, über den er nach Gutdünken verfügen könnte. In der Akzeptanz des Anderen als ein Du verändert sich aber auch seine Einstellung zu sich selbst. Im Du wird das Ich in Frage gestellt.

Istahar durchbricht die Unmittelbarkeit der raubtierhaften Gewalt und verführt – so könnte man wohl sagen – durch dieses Angebot eines »Du und ich. Ich und du« den Grausamen zu einem Moment der Selbstreflexion. Und dieser Moment öffnet die Möglichkeit, anstelle der Gewalt die Liebe zu setzen beziehungsweise die Erfahrung, dass jemanden aus und durch Liebe zu gewinnen doch etwas anderes sein könnte als der Zwang durch rohe Gewalt. Genau dieser Anflug von Unsicherheit und Emotionalität, für den symbolisch das zerspringende steinerne Herz steht, macht Schemchasai aber auch verletzlich. Es ergibt sich die Chance, seine Herrschaft und damit die Herrschaft der grausamen Gottessöhne ein für alle Mal zu brechen. Michael, der Erzengel, erkennt dies sofort und überredet Istahar dazu, in seinen Plan einzustimmen – auch wenn sie dafür womöglich ihr Leben einsetzen muss.

Abgesehen von der vielleicht theologisch pikanten Frage, warum der Gott treu gebliebene Erzengel die Hilfe einer hilflosen Menschenfrau braucht, um seinen abgefallenen Bruder zu vernichten, kippt an dieser Stelle die Erzählung von der Liebe sofort wieder in die Gewalt um.

Nun ist es die Gewalt des Aufstands, der Befreiung, die keine Kompromisse eingehen kann. Nein, das Böse darf nicht nur zum Rückzug gezwungen werden, das Böse, auch wenn es nie wiederkehren will, bleibt als Möglichkeit dennoch stets vorhanden und muss deshalb vernichtet werden. Der Kampf gegen das Böse darf deshalb ebenfalls kein Mitleid aufkommen lassen, Istahar muss nicht nur ihren Ekel überwinden, um Schemchasai zu verführen und ins Innere des Berges zu führen, sie darf auch an nichts anderes denken als an den mit dem Erzengel ausgeheckten Vernichtungsplan.

Unsere Geschichte endet mit einer verstörenden Wendung. Offenbar war es Istahar gelungen, Schemchasai dazu zu bringen, sich seiner Kraft spendenden Flügel zu entledigen, und ihn so seinem Schicksal auszuliefern. Warum aber konnte sie nicht schnell genug das Innere des verhängnisvollen Berges verlassen? Nur weil sie langsam war? Oder weil sie gezögert hat? Und wenn sie gezögert hat – aus welchem Grund? Der letzte Satz der Erzählung nennt Schemchasai den Liebhaber der Istahar. Liebhaber – das ist kein Vergewaltiger mehr; Liebhaber einer Frau zu werden setzt deren Einverständnis voraus. Hat Istahar jene eine Nacht mit Schemchasai aus freien Stücken verbracht, die dann auch ihr zum Verhängnis wurde? Es ist vielleicht das Irritierende an dieser Geschichte über sexuelle Gewalt, dass zumindest angedeutet wird, dass das Begehren Wege gehen kann, die dem Verstand und jeder Moral ein Ärgernis sein müssen.

Darüber hinaus birgt diese Geschichte aber noch ein Rätsel: Wenn das Böse in diesem Berg endgültig zermalmt und vernichtet wurde, wie kam es wieder in die Welt? Gewalt und Vergewaltigung, Grausamkeit und reine Destruktivität sind nicht aus dieser verschwunden. Dass die Gefährten des Bösen überlebt hatten, reicht als Grund dafür nicht aus. Wir wollen annehmen, dass der Erzengel wusste, dass diese ohne ihren Anführer ihre Macht verlieren würden. Mythologische Geschichten versuchen ja stets, ein Geheimnis der menschlichen Existenz in Bilder zu bannen. Sie beschreiben mitunter aber auch Sehnsüchte des Menschen, die uneinholbar sind. Dass es einen Endkampf zwischen dem Guten und dem Bösen geben wird und dass die kompromisslose Vernichtung des Bösen dieses endgültig aus der Welt schaffen könnte, gehört zu diesen Sehnsuchtsbildern. In unserer Geschichte verbirgt sich womöglich aber auch eine furchtbare Botschaft: Das Böse überlebt, weil der Kampf gegen das Böse selbst böse sein muss. Wäre nicht doch das Liebesangebot von Istahar der bessere Weg gewesen, um das Böse zu bannen? Und liegt die Verantwortung für die Missachtung dieser Möglichkeit nicht beim Erzengel Michael, der in der emotionalen Erschütterung seines Feindes nur die strategische Chance für dessen

Vernichtung gesehen hatte? Ist der gebliebene Gottessohn um so viel besser als der abgefallene? Vielleicht hat Istahar all dies geahnt und ist deshalb, aller Widerwärtigkeit und Ekelhaftigkeit ihres Gegenübers zum Trotz, eine Stunde zu lang im Inneren einer emotionalen, ja erotischen Verstrickung geblieben, aus der es dann keinen Ausweg mehr gab.

SCHULD

Der werfe den ersten Stein

Diese Geschichte, die eigentlich eine Legende ist, wurde lange Zeit erzählt, und aufgeschrieben wurde sie auch; den Kindern wurde sie in verbogener Form vorgelesen als eine Wundergeschichte, um sie fromm zu halten; den angehenden Eheleuten wurde sie in einer realistischen Fassung erzählt, um sie gefasst zu machen, damit sie sich nicht wunderten, wenn in den künftigen Ehejahren Dinge passierten, die sie zu Beginn noch für ausgeschlossen hielten. Und so geht die Geschichte – die eigentlich eine Legende ist, die Legende von Schuld und Gewissen.

Ein protestantischer Pastor, so um die fünfhundert Jahre nach Luther, ist der Protagonist; er war verheiratet mit der Tochter seines Vorgängers im Amt, und die Ehe war von Anfang an so lala, eine gottgefällige Liebe war zwischen den beiden nie gewesen, ganz zu schweigen von einer Leidenschaft, die bis an die Grenze der Gottgefälligkeit gereicht hätte und die gerade noch gewünscht werden durfte und deshalb auch gewünscht werden sollte. Und da hat sich der Pastor eines Tages in die Frau des Arztes verliebt, die ein ähnliches Schicksal hatte wie er; sie nämlich war die Tochter des Vorgängers ihres Gemahls, und ihr Vater hatte sie, ohne sie zu fragen, mit dem jungen Mann verehelicht, der nach seinem Medizinstudium bei ihm als sein Assistent das Handwerk des Arztes lernte. Die beiden trafen sich in verschiedenen Hotels, dort gaben sie sich als Mann und Frau aus, wenn gefragt wurde. – Es handelte sich also um einen glatten Ehebruch, genau genommen um einen doppelten glatten Ehebruch.

Ehebruch hin oder her – objektiv betrachtet, war die Affäre, die doch viel mehr war als eine solche, für alle Beteiligten ein Segen. Für die beiden Ehebrecher sowieso. Für die Eheleute aber genauso. Die beiden Ehen nämlich hatten an schlechter Laune gelitten, die Ehe des Pastors an seiner schlechten Laune, die Ehe der Arztfrau an ihrer. Die schlechte Laune ist, wie allgemein bekannt, die Zwillingsschwester der Langeweile in anderem Gewand, und es sind böse Geschwister, die nichts gelten lassen. Schon gleich seit Anbeginn der heimlichen Liebschaft verschwanden diese Leiden, und zwar auf beiden Seiten.

Die Frau des Pastors sagte nun zu ihrem Mann: »Siehst du, jetzt wird doch noch alles gut zwischen uns.«

Sie meinte damit, dass er ihr endlich wieder beiwohne, wobei das »wieder« sich nur auf ein einziges Mal, nämlich während ihrer Hochzeitsnacht, bezog, seither hatte sich der Pastor an seiner Frau nicht mehr interessiert gezeigt. In Wahrheit war er nie an ihr interessiert gewesen. Nun aber, da er bei der Frau des Arztes die Leidenschaft kennengelernt hatte, die bis an die Grenze der Gottgefälligkeit reichte, erfuhr er am eigenen Leib, dass Leidenschaft eine Empfindung ist, die, im Unterschied zur Liebe, zwar von einer Person entzündet wird, das Feuer sich aber rasend schnell ausbreitet auf alle möglichen anderen Personen; das heißt, er nahm die Lust von seiner Geliebten mit nach Hause, und bald wurde seine Frau schwanger und die Ehe doch noch einigermaßen glücklich. Und bei der Frau des Arztes war es ähnlich, auch sie war ihren ehelichen Pflichten nicht mehr nachgekommen, tat es aber nun und wurde ebenfalls schwanger und brachte einen Sohn zur Welt, in dem alle Welt das Ebenbild des Arztes sah.

Was aber nicht hieß, dass Pastor und Arztgattin kein schlechtes Gewissen hatten. Und wie hatten sie eines!

Da kam dem Pastor bei der Vorbereitung zu einer Predigt jene Stelle aus dem Johannesevangelium vor die Augen, wo geschrieben steht, die Schriftgelehrten und Pharisäer brachten eine Frau zu Jesus, die beim Ehebruch ergriffen worden war, und stellten sie in die Mitte und sagten zu ihm: »Rabbi, diese Frau ist auf frischer Tat beim Ehebruch ergriffen worden. In dem Gesetz aber hat uns Mose geboten, solche zu steinigen. Du nun, was rätst du?« Dies aber sagten sie, weil sie Jesus in eine Zwickmühle drängen wollten. Denn würde er antworten, man solle sie schonen, es sei nicht barmherzig und außerdem im höchsten Maße widerlich, einen Menschen öffentlich mit Steinen totzuschlagen oder etwas Ähnliches, dann hätten sie ihn gehabt – »Du predigst wider das Gesetz!« – und hätten ihn angeklagt. Würde er aber sagen: »Gut, schlagt sie mit euren Steinen tot!«, dann hätten sie mit Recht argumentieren können: »Was wollt ihr von dem? Er ist wie wir. Er predigt dasselbe. Also!«

Da heißt es weiter im Evangelium: »Jesus aber bückte sich nieder und schrieb mit dem Finger auf die Erde.«

Und genau dieser Satz interessierte den Pastor. Was hat Jesus mit dem Finger auf die Erde geschrieben? Es ist doch anzunehmen, dass daraus folgte, was er schließlich zu den Schriftgelehrten und Pharisäern sagte, nämlich: »Wer von euch ohne Sünde ist, werfe als Erster einen Stein auf sie.« Auf diesen Satz, der durch zweitausend Jahre hindurch hunderttausendmal zitiert werden sollte, auf diesen Spruch ist er gekommen aufgrund seiner Kritzeleien in den Staub. Das darf man doch annehmen. Warum sollte es sonst erwähnt werden. Er wird etwas gefragt, schweigt erst, dann schreibt er in den Staub, er wird weitergefragt, sie wollen ihn nicht auslassen, er schweigt weiter, schreibt weiter, und dann, erst dann sagt er diesen Satz.

Der Pastor dachte den Gedanken weiter: Jesus ist

Gottes Sohn, dachte er, und als solcher ohne Zweifel selber göttlich, das wurde im 4. Jahrhundert im Arianischen Streit geklärt; wenn also ein Gott mit seinem Finger schreibt, dann ist das, auch wenn dieser Gott Mensch geworden ist, nicht zu vergleichen mit den Kritzeleien eines Menschen. Schon der Finger ist nicht zu vergleichen. Ein göttlicher Finger schreibt anders als ein menschlicher Finger; wenn das nicht so wäre, wäre die ganze Unterscheidung zwischen Gott und Mensch ohne Sinn. Worin aber, dachte der Pastor, könnte sich ein göttlicher Schreibfinger von einem menschlichen unterscheiden?

Der Pastor begab sich hinter sein Haus, dort war ein schattiger Platz, auf dem mancherlei Dinge gelagert wurden, die man vor dem Haus nicht haben wollte. Er machte sich einen Platz frei, Staub war dort genug, und setzte sich hin und schrieb mit seinem Finger.

Er schrieb: »Wer von euch ohne Sünde ist …«

Erstens fiel ihm auf, dass sein Finger eine ziemlich dicke Spur hinterließ, sodass allein schon dieser Halbsatz, wenn er halbwegs leserlich geschrieben werden und nicht ein Buchstabe in den anderen verschmiert sein sollte, einen guten halben Meter lang war. Das, dachte der Pastor, konnte nicht sein. Warum nicht? Dann hätten die Schriftgelehrten – die ja, wie das Wort sagt, an Schriftlichem interessiert waren – lesen können, was Jesus in den Staub notiert hatte; und sie hätten es gelesen, und sie hätten ihren Kommentar dazu abgegeben, und ganz bestimmt wäre das im Evangelium erwähnt worden. Also – so schloss der Pastor – ist ein göttlicher Finger in der Lage, sehr fein in den Sand zu schreiben, so fein, als würde eine spitze Feder, geführt vom Schreiber, über ein Blatt Papier gezogen.

Zweitens: Ein göttlicher Finger schreibt, jedenfalls wenn der Gott es will, mit Sicherheit schneller, als ein menschlicher es je könnte. Wahrscheinlich auch schneller, als wenn wir auf einem Computer schreiben. Jesus war also in der Lage, in der kurzen Zeit, während die Pharisäer ihn mit ihren Fragen bedrängten, einen durchaus langen Text zu schreiben.

Wenn dies aber zutrifft, dürfen wir glauben, dass der Text, den Jesus in den Staub schrieb, einen beträchtlichen Umfang aufwies und dass die Überlegungen, Abwägungen und Urteile, die er in dem Text ausformulierte, von grundsätzlicher Art waren; ja, dass sie, weil die Schriftgelehrten und Pharisäer das Gesetz des Mose erwähnt hatten, als Kommentar zu demselben gelesen werden dürften, wenn sie denn gelesen werden hätten können. Wir sehen hier, schrieb der Pastor in seinem Büchlein, zu dem er seine Predigt schließlich ausweitete, einen Fall von göttlichem Generationenkonflikt. Und er wagte es, diesen Begriff nicht in Anführungszeichen zu setzen. Der Sohn kommentiert das Gesetz des Vaters – das Gesetz des Mose, von dem die Schriftgelehrten und Pharisäer zu Jesus gesprochen hatten, war ja von Gottvater dem Mose auf dem Berg Sinai diktiert worden –, er erweitert das Gesetz, unterzieht es einer Kritik. Die Kritik, schreibt der Pastor, bestehe darin aufzuzeigen, dass jenes alte Gesetz einen Widerspruch in sich trägt, der den Handelnden in ein Dilemma führt.

Wenn auch dies zutrifft, so führt der Pastor weiter aus, wäre es unerklärlich und eigentlich absurd, wenn Jesus seine Überlegungen ins Nichts hinein angestellt hätte. Aber so scheint es. Denn offensichtlich weiß bis heute niemand, was er geschrieben hat. Und die Schriftgelehrten und die Pharisäer wussten es auch nicht. Er hat in den Sand geschrieben. Der nächste Windhauch hat das Werk zerstört, das neben den Zehn Geboten vielleicht das wunderbarste Gesetzeswerk ist, das je verfasst wurde. Aber wie wir Jesus aus den Evangelien kennen, dürfen wir ihm eine Absurdität nicht andichten, nicht einmal zutrauen.

Und an diesem Punkt entwickelte der Pastor seine Spekulation, die er für größer und wunderbarer hielt, als dass sie einem Mann, einem bestimmten Menschen mit offenem Namen zugeschrieben werden sollte. Deshalb hat er seine Schrift unter »Anonymus« veröffentlicht. Bis heute weiß niemand, wie dieser Pastor hieß – auch nicht, wie seine Geliebte, die Frau des Arztes, hieß, die durch ihre bloße Existenz großen Anteil an den Spekulationen des Pastors hatte.

Der feine Staub – so der Pastor in seiner Schrift – wurde tatsächlich vom Wind verblasen. Nein, nicht von einem trivialen Wind, sondern: vom Atmen Jesu. Als die Schriftgelehrten und die Pharisäer einer nach dem anderen gegangen waren, angefangen von den Ältesten, und Jesus mit der Frau allein war, habe er sich – so steht es im Evangelium – aufgerichtet. Was geschieht aber, wenn sich ein Mensch aufrichtet – und in seiner schieren Körperlichkeit war Jesus ein Mensch. Er atmet erst ein, stärker, als wenn er ruhig säße, dann atmet er aus, ebenfalls stärker, als wenn er ruhig säße. Der Atem aber, den Jesus ausstieß, war der Wind, der den Staub verblies. Er verblies den Staub und verblies ihn in die ganze Welt. Das Werk Jesu, das der Staub – sozusagen – in sich trug, vermischte sich – sozusagen – homöopathisch mit der weltweiten Atemluft, sodass alle Menschen, die auf der Erde lebten, und alle, die je auf der Erde leben werden, dieses göttliche Werk inhalierten und inhalieren werden. Das sei das wirklich Neue an der Botschaft Jesu auf Erden: dieses Werk, das er in wenigen Minuten in den Sand geschrieben hatte und dessen Quintessenz enthalten sei in dem Satz: »Wer von euch ohne Sünde ist, der werfe den ersten Stein.«

Der Staub in der Atemluft sei – so die stolze Conclusio des Pastors – nichts anderes als: das Gewissen. Durch Jesus sei das Gewissen in die Welt gekommen.

Was sagte Jesus zu der Ehebrecherin? »Frau«, sagte er, »hat niemand dich verurteilt?«

Sie aber sprach: »Niemand, Herr.«

Jesus aber sprach zu ihr: »Auch ich verurteile dich nicht. Geh hin und sündige von jetzt an nicht mehr!«

Der Pastor deutete diese Stelle folgendermaßen: Die Schuld bestehe darin, dass ein Mensch seinem Gewissen zuwiderhandle. Kein anderer Mensch darf urteilen oder verurteilen. Auf sein eigenes Leben angewendet, sagte sich der Pfarrer und sagte es auch zu seiner Geliebten: »Es ist gut, was wir tun. Wollen wir es also weitertun. Auf dass unsere Familien glücklich sind und glücklich bleiben.«

Und seine Geliebte, die Frau des Arztes, sah es – soweit wir der Überlieferung glauben – genauso.

∞ ∞ ∞

Was ist Schuld? Und wann wird ein Mensch schuldig? Genügt es, geltende Regeln, Vorschriften und Gesetze zu missachten, um Schuld auf sich zu laden? Und wer befindet darüber mit welchem Recht? Die Geschichte der Zivilisation ist auch eine Geschichte der zunehmenden

Schuldfähigkeit des Menschen. Verantwortung für sein Handeln zu übernehmen bedeutet immer auch, die Schuldfrage in einem doppelten Sinn klären zu müssen: Schuld im Sinne von Urheberschaft und Schuld im Sinne eines moralisch verwerflichen, zumindest zweifelhaften Verhaltens. Dass Schuld nicht immer eindeutig zugewiesen werden kann, dass Schuldgefühle nicht nur ein innerer Indikator für ein Fehlverhalten sind, sondern auch oktroyiert und als Machtinstrument eingesetzt werden können, gehört zur Ambivalenz von all dem, was wir gerne Sünde, Zerstörung, kurz das Böse nennen. Dieses ändert aber immer wieder seine Gestalt.

Die Geschichte eines verheirateten evangelischen Pastors, der in ein erotisches Abenteuer verstrickt ist, spielt, traut man einigen Indizien und technischen Details, offenbar in unserer Gegenwart. Inwiefern in dieser der eigentümlich doppelt verschränkte Ehebruch unserer Erzählung überhaupt noch ein Gegenstand moralischer Besorgnis sein kann, ist durchaus fraglich. Im Zeitalter polyamouröser Beziehungen wäre gegen ein Arrangement wie dem vorliegenden, die Zustimmung der Beteiligten vorausgesetzt, ja nichts einzuwenden. Allerdings liegt diese Zustimmung nicht vor, und wir dürfen davon ausgehen, dass in den legalisierten Beziehungen an der Fiktion der Treue festgehalten wird. Das mag den Pastor in Nöte bringen, aus denen er sich als Zeitgenosse allerdings eher durch eine Einzel- oder Paartherapie, denn durch eine waghalsige Bibelexegese befreien könnte. Im Pastor kreuzen sich liberale Einstellungen zur Sexualität mit einer christlichen Moral, die noch einmal in einem Wort Jesu ihren allgemeinen Trost – und Rechtfertigungsgrund suchen und sehen will.

Um seine wohl nicht allzu peinigenden Gewissensqualen zu beruhigen, findet der Pastor zu einer, man kann es nicht anders sagen, hinreißenden und poetischen Deutung der bekannten Geschichte von Jesus und der Ehebrecherin. Diese wird in der Regel eher in Hinblick auf die Frage akzentuiert, wer das Recht hat, jemanden mit einer Strafe zu belegen, die eigentlich keine Strafe mehr ist, weil sie den Tod bedeutet. Wie der Pastor richtig erkennt, versuchen die Schriftgelehrten, Jesus eine Falle zu stellen. Das Gesetz sieht für Ehebruch die Steinigung vor. Schlösse sich Jesus diesem Verfahren an, widerspräche er seiner Theologie der Barmherzigkeit. Widersetzte er sich diesem, widersetzte er sich einem als göttlich verstandenen Gebot. Jesus stellt dieses Gebot nicht in Frage, er entgeht aber der Falle, indem er die Legitimität der Ankläger zur Disposition stellt. Nur der könne die furchtbare Strafe an der Ehebrecherin exekutieren, der selbst ohne Sünde sei. Es bleibt an dieser Stelle offen, ob damit die generelle Sündhaftigkeit des Menschen angesprochen ist – dann dürfte zumindest nach der später von Augustinus kodifizierten Lehre von der Erbsünde kein Mensch einen anderen richten. Denkbar aber auch, dass sich dieses »Wer von euch ohne Sünde sei« auf genau jenes Vergehen bezieht, dessen die Frau beschuldigt wird. Der schweigende Rückzug der Schriftgelehrten käme dann einem Geständnis gleich: Jeder hat sich offenbar schon einmal eines sexuellen Vergehens schuldig gemacht.

Es wäre ein Leichtes, in doppelter Weise mit letzterer Deutung an die #MeToo-Debatte unserer Tage anzuknüpfen. Dass von den gelehrten Richtern keiner ohne Sünde in sexueller Hinsicht gewesen sei, unterstriche den immer wieder geäußerten Verdacht gegen eine »toxische Männlichkeit«, der ein Hang zum sexuellen Fehlverhalten prinzipiell eingeschrieben scheint. Es ließe sich aber auch fragen: Wie rein muss jemand gerade in oft zweideutigen und von Asymmetrien gekennzeichneten erotisch-sexuellen Beziehungsgeflechten geblieben sein, um das Recht zu haben, sich zu einem Ankläger, Richter und Verfolger in solch einem Fall aufzuschwingen? Auch wenn mittlerweile bekannt geworden ist, dass sich einige der Wortführer dieser Anklagepraxis selbst manches zuschulden kommen ließen, wird dies in der Regel nicht als Aufforderung verstanden, mit Bezichtigungen und Vorverurteilungen etwas vorsichtiger umzugehen. Die Logik der anklagenden Moral geht – ganz im Gegensatz zu dem Wort Jesu – davon aus, dass eine Schuld nicht relativiert wird, wenn die Aufdecker, Ankläger und selbst ernannten Richter selbst alles andere als integer sind.

All das interessiert unseren Pastor allerdings kaum. Er ist von einem Aspekt dieser denkbar kurzen biblischen Geschichte fasziniert, dem ansonsten nur wenig Augenmerk geschenkt wird. In der Überlieferung heißt es, dass Jesus, bevor er zu seiner viel zitierten Antwort fand, mit dem Finger auf der Erde schrieb. Und der Pastor fragt sich: Was schrieb Jesus? Und hatte dies eine Bedeutung? Denn immerhin handelt es sich hier um die einzige Stelle im Neuen Testament, die davon kündet, dass Jesus etwas geschrieben hat. Oder waren es nur Sandzeichnungen, Kritzeleien, eine Übersprunghandlung, um Zeit zu gewinnen? Für den Pastor ist klar: Jesus schrieb. Und er schrieb mit einem göttlichen Finger: Buchstaben, Worte, Sätze, Gesetze.

Wie plausibel die Imaginationen des Pastors zu dieser Szene sein mögen, bleibe einmal dahingestellt. Aber das Bild, dass Jesus dem harten mosaischen Gesetz sein anderes Gesetz entgegenstellte und dieses in den Sand schrieb, hat etwas Bestechendes an sich. Die Differenz zwischen diesen Gesetzen könnte größer nicht sein. Dem Inhalt nach ergibt sich eine deutliche Abkehr von einer radikalen Ethik der Vergeltung und der Strafe hin zu einer Moral der Selbstvergewisserung und des Verzeihens, der Form nach steht das in Stein gemeißelte mosaische Gebot einer flüchtigen Zeichnung im Wüstensand gegenüber, die der nächste Windhauch verwehen wird. Aus diesem poetischen Bild entwickelt der Pastor eine, seine Version von der Entstehung des Gewissens. Denn ihn quält ja weniger ein geistliches oder weltliches Gericht, sondern sein eigenes Gewissen, das sich mahnend meldet, wenn er seine Geliebte aufsucht.

Das Gewissen. Die Deutung des Pastors, in der vom Wind verblasenen Schrift Jesu die in alle Welt hinausgestreuten Sandkörner zu sehen, die in jeden Menschen, der atmet, den Keim des Gewissens legen, erfasst eine wesentliche Dimension dieses so komplexen intrapsychischen Mechanismus. Das Gewissen verlegt die Entscheidung über die Moralität einer Handlung in das Innere des Menschen, in die Sphäre der reinen Subjektivität. Damit wird das Gewissen zu einem Korrektiv, ja Ersatz der geltenden rechtlichen und moralischen Vorschriften, es kann diesen widersprechen und sie in bestimmten Fällen neutralisieren. Aus Gewissensgründen kann man nicht nur den Wehrdienst verweigern, sondern auch geltendes Recht für sich außer Kraft setzen.

Die Geschichte des Gewissens reicht weit zurück. Schon Sokrates kannte eine innere Stimme, seinen Dämon, der ihn vor falschen Handlungen warnte. Seine große Bedeutung erlangte das Gewissen allerdings erst im Zeitalter der Subjektwerdung des Menschen, als die Innerlichkeit zu einer entscheidenden Instanz für moralische Fragen aller Art wurde. Gewissenserforschung wurde vor allem im Protestantismus pietistischer Prägung zu einer gängigen Praxis der Selbstbeobachtung und Selbstkontrolle, denn auch schon die leiseste Regung dieser inneren Stimme deutete an, dass man auf dem falschen Weg wandelte. Ein ruhiges Gewissen hat, wer richtig handelt, sodass das Gewissen sich nicht melden muss. Klopft es an, dann als schlechtes Gewissen. Dieses zu vermeiden war die moralische Herausforderung.

Es blieb Sigmund Freud vorbehalten, die romantische Vorstellung zu entzaubern, dass tief im tiefen Inneren eines jeden Mensch ein untrügliches Gespür für das Böse sitze. Nicht nur lässt sich das Gewissen selbst durch mannigfache Strategien manipulieren, es ist die verinnerlichte, internalisierte Stimme des Vaters, also des Gesetzes, die sich meldet, wenn man dieses verletzt. Wer dagegen aufbegehren will, muss erst den Vater in sich und damit auch die Stimme des Gewissens beseitigen. Wem dies tatsächlich gelingt, der gilt allerdings als gewissenlos. Der Gewissenlose genießt nach wie vor kein sonderlich hohes Ansehen. Das Gewissen ist so stark, dass wir auch Verstöße gegen das Gesetz nicht ohne, sondern, wenn möglich, mit möglichst gutem Gewissen erledigen wollen. Freudianisch gesprochen: Wir müssten gegen das Gesetz in Einklang mit diesem aufbegehren. Dazu ist einiges Raffinement vonnöten.

Es gehört, so eine These des Kulturwissenschaftlers Wolfgang Ullrich, zu den Besonderheiten des modernen Menschen, dass dieser nicht mehr das schlechte Gewissen vermeiden, sondern sich durch seine Haltungen und Handlungen ein spürbar gutes Gewissen verschaffen will. Ökologisches Bewusstsein, eine Kultur der Achtsamkeit, der Konsum von fair gehandelten Produkten, die Betonung einer weltoffenen Willkommenskultur, die Besorgnis um das Klima – all das zielt auch auf ein gutes Gewissen als zentrales Moment eines neuen Lebensstils, ein Gewissen, das sich durchaus im Einklang mit den gültigen moralischen Normen und Werten weiß. Das schlechte Gewissen, das sich melden könnte, weil es diese Strategien und Bekenntnisse womöglich als Heuchelei durchschaut, hat gegen das wohlige gute Gewissen dann keine Chance mehr.

Von alldem ist unser Pastor weit entfernt. Ihn quälte noch ein traditionelles schlechtes Gewissen. Doch er fand in der Heiligen Schrift eine Lösung, die es in sich hat. Das schlechte Gewissen war ein Irrtum, denn es orientierte sich an den herrschenden Normen. Das Gewissen, das Jesus in der Szene mit der Ehebrecherin in die Welt streute, rechtfertigt hingegen Handlungen, die gegen diese Normen verstoßen, dann, wenn darunter niemand leidet, sondern sie zum Wohl aller Beteiligten beitragen – und dies auch um den Preis der Lüge, der Täuschung und der Selbsttäuschung. Das schlechte Gewissen verstummt, weil es nun erkennt, dass es nicht autonom, sondern fremdbestimmt agierte. Das gute Gewissen hingegen bestätigt, dass alles gut sei, wenn niemand verletzt wird, die Betroffenen und Beteiligten aber ihren Spaß haben. Ob der Pastor hier einem individualisierten Utilitarismus aufgesessen ist, dem wir in unserem Alltag zumindest hin und wieder alle frönen, oder ob ihm eine moralische Quadratur des Kreises gelungen ist, nämlich im Guten das Böse und im Bösen das Gute zu erkennen – wer wüsste es zu sagen? Wer noch nie versucht hat, sein Gewissen durch exzentrische Deutungen zu beruhigen, der setze als Erster bei dieser Frage den Rotstift an.